中华人民共和国人民武装警察法释义

人民武装警察法释义编写组 编

★ ★ ★ ★ ★

ZHONGHUARENMINGONGHEGUO

RENMINWUZHUANGJINGCHAFA SHIYI

新华出版社

图书在版编目（CIP）数据

中华人民共和国人民武装警察法释义 / 人民武装警察法释义编写组编.
－－ 北京：新华出版社, 2022.12
ISBN 978-7-5166-6712-5

Ⅰ.①中… Ⅱ.①人… Ⅲ.①武装警察－人民警察法－
法律解释－中国 Ⅳ.①D922.145

中国国家版本馆CIP数据核字（2023）第015677号

中华人民共和国人民武装警察法释义

编　　者：人民武装警察法释义编写组

出 版 人：匡乐成		出版统筹：许　新	
责任编辑：时光慧		封面设计：刘宝龙	

出版发行：新华出版社
地　　址：北京石景山区京原路8号　　　邮　　编：100040
网　　址：http://www.xinhuapub.com
经　　销：新华书店、新华出版社天猫旗舰店、京东旗舰店及各大网店
购书热线：010－63077122　　　中国新闻书店购书热线：010－63072012

照　　排：六合方圆
印　　刷：河北鑫兆源印刷有限公司

成品尺寸：170mm×240mm　1/16
印　　张：15.25　　　　　　　　字　　数：170千字
版　　次：2023年1月第一版　　　印　　次：2023年1月第一次印刷

书　　号：ISBN 978-7-5166-6712-5
定　　价：38.00元

编审人员

主　　审　　王春宁　　张红兵

副 主 审　　郑家概　　周友亚　　何学文

审　　查　　童卫东　　刘颖玮　　赵东斌　　陈亦超

　　　　　　皇才进　　孙玉刚

主　　编　　张　宇

副 主 编　　李学术　　葛剑羽

编写人员　　顾凯辉　　赵雪妤　　李　科　　郝　洁

　　　　　　谭四华　　林晓华　　叶　卓　　李　莉

　　　　　　王侍锋　　吴枫华　　齐明鑫

前　言

2020 年 6 月 20 日，经第十三届全国人大常委会第十九次会议审议通过，国家主席习近平签署主席令，新修订的《中华人民共和国人民武装警察法》（以下简称人民武装警察法）颁布，自 2020 年 6 月 21 日起施行。人民武装警察法的修订颁布，是贯彻全面依法治国、依法治军从严治军方略的重大举措，是适应国家治理体系和治理能力现代化的时代要求，是深化国防和军队改革、巩固武警部队领导指挥体制调整成果的实际步骤，是加快武警部队现代化建设、有效履行职责使命的有力保证，是武警部队建设发展史上具有里程碑意义的一件大事。

修订人民武装警察法坚持以习近平新时代中国特色社会主义思想为指导，深入贯彻习近平强军思想，深入贯彻新时代军事战略方针，聚焦使命任务，坚持问题导向，全面体现改革成果，围绕任务更加明确、职权更加清晰、关系更加顺畅、保障更加有力、监督更加严格的立法主旨，对武警部队的组织指挥、职责权限、义务纪律、保障措施等进行了全面规定。

　　为了使武警部队各级、关心和支持武警部队建设发展的单位和个人、法学研究人员以及广大人民群众学习掌握、贯彻执行人民武装警察法，武警部队在全国人大常委会法制工作委员会、中央军委改革和编制办公室、中央军委办公厅军委法制局指导下，组织编写了本书，对人民武装警察法的精神实质、核心要义和条文内涵逐条进行阐释。书稿形成后，先后两次广泛征求意见，报请军地法制工作部门进行了审核。实践不断发展，制度建设永无止境。我们将及时总结武警部队建设发展成果，加强有关重难点问题研究，努力推动贯彻实施不断深化。

　　由于时间仓促，书中难免有不足之处，敬请读者批评指正！

本书编写组

2022 年 6 月

目 录 Contents

第三部分　有关法律法规

第一部分

法律释义

中华人民共和国
人民武装警察法释义

中华人民共和国人民武装警察法释义

第一章　总　则

　　总则是一部法律的纲领性规定，其他各章各条的内容都是总则的延伸和具体化。本章共 8 条，明确了立法目的、领导指挥体制、建设发展和履行职能的总体要求、任务范围、衔级制度、表彰奖励、相关权益等。这些内容统领其他各章各条的规定，对正确理解和运用本法，具有重要的指导作用。

　　第一条　为了规范和保障人民武装警察部队履行职责，建设强大的现代化人民武装警察部队，维护国家安全和社会稳定，保护公民、法人和其他组织的合法权益，制定本法。

　　【条文主旨】

　　本条是关于立法目的的规定。

　　【立法背景】

　　《中华人民共和国人民武装警察法》自 2009 年 8 月 27 日颁布施

行以来，对于人民武装警察部队维护国家安全和社会稳定、保卫人民美好生活发挥了重要作用，也为人民武装警察部队全面建设提供了重要法律依据。但经过十多年的时间，尤其是党的十八大以来，我国政治、经济和社会发生了深刻变化，人民武装警察部队全面建设也面临不少新的情况。随着深化国防和军队改革的不断推进，人民武装警察部队使命任务不断拓展，亟需进一步总结人民武装警察部队履行使命和建设发展的实践经验，并从变化了的实际情况出发修订《中华人民共和国人民武装警察法》。对此，《全国人民代表大会常务委员会关于中国人民武装警察部队改革期间暂时调整适用相关法律规定的决定》明确，"改革措施成熟后，及时修改完善有关法律"；十三届全国人大常委会立法规划和中央军委深化国防和军队改革领导小组政策制度改革有关工作计划，对修订《中华人民共和国人民武装警察法》均作出了部署。

【条文解读】

规定本条的主要目的是明确制定、实施《中华人民共和国人民武装警察法》要实现的价值和所要达到的目标。本法立法目的可以概括为以下四个方面：

一、规范和保障人民武装警察部队履行职责

人民武装警察部队履行职责和行使权力是代表国家行使公权力，履行维护国家安全和社会稳定的职能。随着改革开放的不断深入和经济社会的不断发展，人民武装警察部队在履职过程中不断遇到一些新情况新问题，开始担负一些新任务新职能，必须针对这些新情况新问题、新任务新职能对法律进行调整和补充。具有完备的法律手段，是人民武装警察部队正确依法行使职权的有力保证。制定本法的直接目的，就是为了把人民武装警察部队依法履行职责的活动全部纳入法治轨道，即赋予人民武装警察部队任务以及执行任务的相应权限，依法确定权利和义务，依法规范监督和检查，依法承担法律责任等，为部队有效履行使命提供坚强法治保障。

二、建设强大的现代化人民武装警察部队

这是本次修订《中华人民共和国人民武装警察法》目的的丰富和扩展。党的十八大以来，习主席站在实现强国梦强军梦的时代高度，对人民武装警察部队建设发展作出一系列重要论述，明确提出"努力建设一支强大的现代化武装警察部队"。在立法目的中突出这一奋斗目标，并把组织管理、义务纪律、保障措施、监督检查等各方面全面纳入法治轨道，旨在用法律规范和保障其实现，推动党在新时代的强军目标在人民武装警察部队落地落实。本法的颁布实施，将为人民武装警察部队建设提供充分的法律保障，推动人民武装警察部队全面建设迈上新台阶。同时，这样规定也鲜明标定了本法的定位是一部既管任务、又管建设的综合性军事法律。

三、维护国家安全和社会稳定

习主席在向人民武装警察部队授旗并致训词时指出："武警部队是党领导的人民武装力量的重要组成部分，在维护国家安全和社会稳定、保卫人民美好生活中肩负着重大职责，在维护政治安全特别是政权安全、制度安全中具有重要作用。"这一重要指示深刻揭示了人民武装警察部队在维护国家主权、安全和发展利益上的职能作用，有力彰显了人民武装警察部队在国家治理体系中的重要地位。本法通过规范人民武装警察部队所担负的任务、享有的职权，以法律形式明确人民武装警察部队在维护国家安全和社会稳定中的地位作用，为依法履职提供法律依据。

四、保护公民、法人和其他组织的合法权益

这是反映社会最广大群体共同价值的客观需求，公民、法人和其他组织是社会活动的主体，维护和保障好其合法权益是制定本法的重要目的。《中华人民共和国人民武装警察法》一方面通过建立健全人民武装警察任务、职权的法律规范，使人民武装警察在维护公民、法人和其他组织的合法权益时，有明确的法律遵循；另一方面通过建立健全禁止性义务、法律责任等法律规范，防止公民、法人和其他组织的合法权益在人民武装警察执行任务过程中被侵害，并在其合法权益受到损害时，能够及时、有效获得救济和补偿。

【相关规定】

《中华人民共和国宪法》第五条；《中华人民共和国国防法》第二十二条。

第二条　人民武装警察部队是中华人民共和国武装力量的重要组成部分，由党中央、中央军事委员会集中统一领导。

【条文主旨】

本条是关于人民武装警察部队性质和领导体制的规定。

【立法背景】

人民武装警察部队诞生于人民军队的摇篮，传承着红色血脉，始终是中国共产党绝对领导下的人民武装力量的重要组成部分，肩负维护国家安全和社会稳定、保卫人民美好生活，维护国家政治安全特别是政权安全、制度安全的光荣使命。这是历史的选择、时代的选择。

纵观历史发展，大革命时期的井冈山特务连、抗战时期的延安警察保卫队、解放战争时期解放区的政治保卫队等，都是人民武装警察部队这支力量的雏形。1949年8月中国人民公安中央纵队成立，标志着我国内卫武装力量正式形成。此后的70年间，人民武装警察部队名称和领导管理体制随着国家政治、军事、经济、社会形势发展变化而调整，但其武装力量属性始终没变，担负保卫国家安全、维护社会稳定的使命任务始终没变。

进入新时代，以习近平同志为核心的党中央，对人民武装警察部队现代化建设和履行使命高度重视，把人民武装警察部队调整改革摆在全面深化改革大局、纳入改革强军战略全局，一体运筹、整体推进。2013年1月29日，习主席视察人民武装警察部队机关，就"坚定不移地深化改革"提出明确要求。2013年11月，党的十八届三中全会把"优化武装警察部队力量结构和指挥管理体制"写入《中共中央关于全面深化改革若干重大问题的决定》，上升为党的意志和国家战略。2017年10月31日，十二届全国人大常委会第三十次会议审议了《关于中国人民武装警察部队改革期间暂时调整适用相关法律规定的决定（草案）》，其中明确提出按照"军是军、警是警、民是民"的原则，调整武警部队指挥管理体制，优化力量结构和部队编成，实现领导管理和高效指挥的有机统一。2017年10月，党的十九大把"深化武警部队改革，建设现代化武装警察部队"写入大会报告。2017年12月14日，中共中央作出《关于调整中国人民武装警察部队领导指挥体制的决定》，对人民武装警察部队领导指挥体制进行调整。自 2018 年 1 月 1 日零时起，人民武装警察部队由党中央和中央军委集中统一领导，实行中央军委——武警部队——部队领导指挥体制。人民武装警察部队归中央军委建制，不再列国务院序列。

2018 年 3 月 21 日，中共中央印发《深化党和国家机构改革方案》，将列人民武装警察部队序列、国务院部门领导管理的公安边防部队、公安消防部队、公安警卫部队的现役力量全部退出人民武装警察部队，将人民武装警察部队担负民事属性任务的黄金、森林、水电部队整体移交国家相关职能部门并改编为非现役专业队伍，同时撤收人民武装警察部队海关执勤兵力，彻底理顺人民武装警察部队领导管理和指挥使用关系。

【条文解读】

一、关于人民武装警察部队的性质

本条中的"人民武装警察部队是中华人民共和国武装力量的重要组成部分"，明确了人民武装警察部队的性质及法律地位。其一，人民武装警察部队是武装力量。《中华人民共和国国防法》第二十二条规定，"中华人民共和国的武装力量，由中国人民解放军、中国人民武装警察部队、民兵组成"。人民武装警察部队作为武装力量的重要组成部分，必须严格遵守《中华人民共和国国防法》确立的关于武装力量的各项制度原则，依法履行职责。这为人民武装警察部队和人民武装警察适用相关法律、履行职责和承担义务奠定了法律基础。其二，人民武装警察部队属于人民。《中华人民共和国国防法》第二十条规定，"中华人民共和国的武装力量属于人民。它的任务是巩固国防，抵抗侵略，保卫祖国，保卫人民的和平劳动，参加国家建设事业，全心全意为人民服务"。这从法律规定层面要求人民武装警察部队永葆人民军队性质，始终践行全心全意为人民服务的根本宗旨。

二、关于人民武装警察部队的领导体制

本条中的"由党中央、中央军事委员会集中统一领导"，在法律层面明确了人民武装警察部队的领导体制。"集中统一领导"，是指人民武装警察部队的最高指挥权集中于党中央、中央军事委员会，不论任何时候、任何情况下，必须坚定不移、毫不动摇地听从党中央、中央军委和习主席的指挥。根据党中央决定，"自 2018 年 1 月 1 日零时起，武警部队由党中央和中央军委集中统一领导，实行中央军委——武警部队——部队领导指挥体制"。调整人民武装警察部队领导指挥体制是党中央作出的重大政治决定，是完善和发展中国特色社会主义军事制度的重大举措，是实现党和国家长治久安的重大政治设计和制度安排。本条以法的权威性、稳定性、强制性保障新的领导指挥体制顺畅运行，确保党对人民武装警察部队的绝对领导，确保人民武装警察部队坚决听从党中央、中央军委和习主席指挥。

【相关规定】

《中华人民共和国宪法》第二十九条、第九十三条；《中华人民共和国国防法》第十五条、第二十条、第二十一条、第二十二条。

第三条　人民武装警察部队坚持中国共产党的绝对领导，贯彻习近平强军思想，贯彻新时代军事战略方针，按照多能一体、维稳维权的战略要求，加强练兵备战、坚持依法从严、加快建设发展，有效履行职责。

【条文主旨】

本条是关于人民武装警察部队建设发展和履行职能的根本原则和总体要求的规定。

【立法背景】

习主席站在实现强军目标、建设世界一流军队的战略高度，就人民武装警察部队建设发展作出一系列重要指示，亲自向人民武装警察部队授旗并致训词，为人民武装警察部队履行使命任务赋予了新的时代内涵，为建设强大的现代化人民武装警察部队指明了方向，是指导人民武装警察部队建设发展的"魂"和"纲"。本条通过对人民武装警察部队建设发展和履行职能的根本原则和总体要求进行规范，为人民武装警察部队提供基本行为准则。

【条文解读】

一、关于坚持中国共产党的绝对领导

党对军队的绝对领导是中国特色社会主义的本质特征，是党和国家的重要政治优势，是人民军队的建军之本、强军之魂。党对军队绝对领导的根本原则和制度，发端于南昌起义，奠基于三湾改编，定型于古田会议，丰富发展于党领导人民军队革命、建设和改革的伟大实践。《中国共产党章程》总纲中明确规定，"中国共产党坚持对人民解放军和其他人民武装力量的绝对领导"。

本条规定"人民武装警察部队坚持中国共产党的绝对领导"。坚持中国共产党的绝对领导，既是人民武装警察部队建设的最高原则，也是本法必须确立的基本原则。强调"绝对领导"，就是坚持党对人民武装警察部队领导的唯一性和排他性，以及彻底性和无条件性，确保人民武装警察部队建设方向正确。人民武装警察部队坚持中国共产党的绝对领导，必须毫不动摇地把政治建设摆在首位，把坚持党中央、中央军委集中统一领导作为最高政治准则，把全面深入贯彻军委主席负责制作为最大政治规矩，确保"兵权贵一、军令归一"，坚决听从党中央、中央军委和习主席指挥。坚持用习近平新时代中国特色社会主义思想和习近平强军思想武装全体人民武装警察，夯实对党绝对忠诚、坚决听党指挥的思想根基，增强"四个意识"，坚定"四个自信"，做到"两个维护"，贯彻军委主席负责制，永远做党和人民的忠诚卫士，锻造一支具有铁一般信仰、铁一般信念、铁一般纪律、铁一般担当的过硬部队。

二、关于贯彻习近平强军思想

人民武装警察部队作为武装力量，必须贯彻习近平强军思想。习近平强军思想是以习近平同志为核心的党中央，在指导建设强军事业伟大实践中孕育的科学思想体系，揭示了强军制胜的根本规律，闪耀着马克思主义思想的光辉，是指引强军事业发展进步的科学指南。党的十九大将习近平强军思想作为习近平新时代中国特色社会主义思想的重要组成部分，把坚持党对人民军队的绝对领导纳入新时代坚持和发展中国特色社会主义的基本方略，全面部署新时代的强军事业，标志着党的军事指导理论与时俱进。

人民武装警察部队要充分认清习近平强军思想的重大政治意义、理论意义、实践意义，以高度的使命感和责任感系统深入地学习，切实增强对习近平强军思想的政治认同、思想认同、理论认同和情感认同，自觉做强军思想的坚定信仰者、忠实执行者、模范践行者，以理论上的清醒保证政治上的坚定，确保绝对忠诚、绝对纯洁、绝对可靠。同时，也要坚持把习近平强军思想作为强大思想武器，努力把学习成果转化为推进政治建军、改革强军、科技强军、人才强军、依法治军的实际能力，转化为解决实际问题的思路、措施和办法。

三、关于贯彻多能一体、维稳维权的战略要求

"多能一体、维稳维权"是对人民武装警察部队建设和履行使命的战略要求，集中反映了维护国家主权、安全和发展利益对人民武装警察部队的核心需求，是新时代人民武装警察部队力量建设与运用的基本遵循和依据。

四、关于加强练兵备战、坚持依法从严、加快建设发展

本条规定人民武装警察部队必须"加强练兵备战"。确保高质量完成各项任务，保证召之即来、来之能战、战之必胜，是党对人民武装警察部队的根本要求。以此为遵循推进人民武装警察部队现代化建设，必须牢固确立练兵备战的中心地位，坚持训练与任务一体化，立足人民武装警察部队常备常用、突发急用、多样并用的任务特点，加快融入全军联合作战体系，加快构建军地协调联动新格局，着力建设新型力量体系，始终保持高度戒备，确保党中央、中央军委和习主席一声令下，坚决有效履行新时代使命任务。

本条规定人民武装警察部队必须"坚持依法从严"。依法治军、从严治军是建军治军的基本方略，是全面依法治国总体部署的重要组成部分，是确保军队有效履行新时代使命任务，确保部队高度集中统一和安全稳定的坚实基础。依法治军的基础是强化法治信仰和法治思维，标志是推动治军方式根本性转变，保证是有令必行、有禁必止，

落脚点是保持部队正规的战备、训练、工作和生活秩序。在具体执行中，依法是前提，从严是要求。依法与从严是一个问题的两个方面，是辩证统一、相辅相成、密不可分的有机整体，提高依法治军、从严治军水平，必须实现两者有机统一。

本条中的"加快建设发展"，是指人民武装警察部队推进与新时代党的强军目标相一致的现代化。为适应我国由大向强发展关键历史阶段的时代要求，人民武装警察部队现代化建设必须坚持以强军目标为统领，紧跟国防和军队建设新"三步走"战略步伐。

【相关规定】

《中华人民共和国国防法》第四条、第十五条、第二十一条；《中国共产党章程》总纲。

第四条 人民武装警察部队担负执勤、处置突发社会安全事件、防范和处置恐怖活动、海上维权执法、抢险救援和防卫作战以及中央军事委员会赋予的其他任务。

【条文主旨】

本条是关于人民武装警察部队职能任务的总体规定。

【立法背景】

执勤、处置突发社会安全事件、防范和处置恐怖活动、海上维权执法、抢险救援和防卫作战，是党中央、中央军委赋予人民武装警察部队的六项主要任务。使命任务是人民武装警察部队在国家治理体系中地位作用的具体体现。人民武装警察部队的任务范围，和以此为基础的职责权限、法律责任，以及在执行任务中与有关中央国家机关、公民、组织之间的关系，成为了本法规范的法律关系的基础和关键。

本条在法律层面确保了人民武装警察部队遂行维护国家安全和社会稳定、保卫人民美好生活，维护政治安全特别是政权安全、制度安全等各项任务师出有名、于法有据，为人民武装警察部队执行各项任务提供了基本法律依据。本条规定的人民武装警察部队的任务，与修订前相比，有以下主要变化：一是分类更加准确，紧密结合人民武装警察部队使命任务的拓展，根据具体任务进行分类的同时，还兼顾了与中国特色社会主义法律体系相衔接。二是定位更加聚焦，如删除了"参与国家经济建设"等任务，突出人民武装警察部队的武装力量属性。三是范围更加灵活，本条规定充分考虑了我国正处于经济社会高速发展阶段，着眼所面临的不确定不稳定因素不断增多的实际，增加了"中央军事委员会赋予的其他任务"的兜底性规定。

【条文解读】

一、关于执勤

本条中的"执勤"，是指人民武装警察部队对国家规定的重要目标和重大活动组织实施的安全保卫活动。具体内容详见本法第十五条的条文解读部分。

二、关于处置突发社会安全事件

本条中的"突发社会安全事件"，是指突然发生的，造成或者可能造成严重社会危害，需要采取应急措施予以应对，具有一定规模的社会安全事件。《中华人民共和国突发事件应对法》将突发事件分为四类，即自然灾害、事故灾难、公共卫生事件和社会安全事件。本条中的"处置突发社会安全事件"，就是人民武装警察部队军事语言体系中常称的"处突"任务，将此项任务定义为"处置突发社会安全事件"，使人民武装警察部队军事语言体系与《中华人民共和国突发事件应对法》的法律概念有机衔接起来。

三、关于防范和处置恐怖活动

本条中的"防范和处置恐怖活动"，是指为防范和制止恐怖活动而进行的防卫、打击和救援等行动。人民武装警察部队担负的反恐怖任务，限定范围为"防范和处置恐怖活动"。恐怖主义是指通过暴力、破坏、恐吓等手段，制造社会恐慌、危害公共安全、侵犯人身财产，或者胁迫国家机关、国际组织，以实现其政治、意识形态等目的的主张和行为。按照《中华人民共和国反恐怖主义法》的体系架构，反恐怖主义工作包括对恐怖活动组织和人员的认定、安全防范、情报信息、调查、应对处置、国际合作等内容，与"突发社会安全事件"一样，人民武装警察部队担负的反恐怖任务即"防范和处置恐怖活动"，更突出现场性、行动性，一般限于本法第十七条规定的范围，至于诸如恐怖组织和人员的认定等，不属于人民武装警察部队的任务范围。

需要特别指出的是，人民武装警察部队军事语言体系中通常将该项任务称为"反恐怖"任务，本法表述为"防范和处置恐怖活动"，实现了与其他相关法律的衔接配套。《中华人民共和国反恐怖主义法》第八条第二款规定："中国人民解放军、中国人民武装警察部队和民兵组织依照本法和其他有关法律、行政法规、军事法规以及国务院、中央军事委员会的命令，并根据反恐怖主义工作领导机构的部署，防范和处置恐怖活动。"同时，具体内容的界定也非常清晰，既包括防范，也包括处置。因此，从法律语言以及整个中国特色社会主义法律体系的完整性、系统性角度来说，在本法中使用"防范和处置恐怖活动"是合理的，也是正确的。

四、关于海上维权执法

本条中的"海上维权执法"，是指海警部队依法开展海上安全保卫，维护海上治安秩序，打击海上走私、偷渡，在职责范围内对海洋资源开发利用、海洋生态环境保护、海洋渔业生产作业活动等进行监督检查，预防、制止和惩治海上违法犯罪活动。具体任务范围由《中华人民共和国海警法》规定。

五、关于抢险救援

本条中的"抢险救援"，是指参与处置自然灾害、事故灾难、公共卫生事件。具体内容详见本法第十八条的条文解读部分。

六、关于防卫作战

"防卫作战"是党中央、中央军委赋予人民武装警察部队的重要职责。具体内容详见本法第四十八条的条文解读部分。

七、关于中央军事委员会赋予的其他任务

本条中的"中央军事委员会赋予的其他任务"，是对人民武装警察部队担负任务的兜底性规定。主要包含两层含义：第一，人民武装警察部队的任务范围由中央军事委员会明确，按照《中华人民共和国国防法》第十五条规定，中央军事委员会领导全国武装力量，决定中国人民解放军、中国人民武装警察部队的体制和编制，规定中央军事委员会机关部门、战区、军兵种和中国人民武装警察部队等单位的任务和职责，这符合中央军委——武警部队——部队的领导指挥体制。第二，人民武装警察部队的任务范围不是一成不变的，会随着形势发展而变化，需要作出兜底性规范以适应任务调整。

【相关规定】

《中华人民共和国国防法》第二十二条；《中华人民共和国戒严法》；《中华人民共和国生物安全法》第二十一条；《中华人民共和国反恐怖主义法》第八条、第三十六条、第五十七条、第五十八条、第七十一条、第七十四条、第七十八条；《中华人民共和国核安全法》第五十九条；《中华人民共和国防洪法》第四十三条；《中华人民共和国监狱法》第四十一条、第四十六条；《中华人民共和国石油天然气管道保护法》第四十三条；《中华人民共和国铁路法》第五十九条；《中华人民共和国防震减灾法》第九条、第五十一条；《中华人民共和国突发事件应对法》第八条、第十四条、第二十八条；《中华人民共和国放射性污染防治法》第二十六条；《长江三峡水利枢纽安全保卫条例》第十一条、第十九条；《铁路安全管理条例》第四十一条；《公路安全保护条例》第二十四条、第五十四条；《中华人民共和国看守所条例》第七条；《中华人民共和国抗旱条例》第六十四条；《草原防火条例》第三十一条；《军队参加抢险救灾条例》。

第五条　人民武装警察部队应当遵守宪法和法律，忠于职守，依照本法和其他法律的有关规定履行职责。

人民武装警察部队依法履行职责的行为受法律保护。

【条文主旨】

本条是关于人民武装警察部队履职要求，以及履职行为受法律保护的规定。

【立法背景】

人民武装警察部队在执行任务中行使职权、履行职责，事关国家安全和社会稳定，涉及到公民、法人和其他组织的权益。因此，必须严格依照法定权限和程序，在法律、法规及规章的具体规范下行使职权，恪尽职守，忠于职责，高效完成上级赋予的各项任务。如有违反，要承担相应的责任。人民武装警察部队依法履行职责是代表国家行使职权，不同于一般行政机关，经常面对违法犯罪分子的暴力抗拒，直接涉及公民个人的生命财产安全和社会的公共安全，甚至在一些情况下需要使用警械武器。为依法履行职责的人民武装警察部队提供充分和必要的法律保护，对于调动人民武装警察履行职责的积极性和主动性，维护正常的法治秩序，具有重大意义。

【条文解读】

一、关于人民武装警察部队的履职要求

本条中的"遵守宪法和法律"，是社会公众的普遍性义务，是一般法律的普遍要求。《中华人民共和国宪法》第五条第四款规定："一切国家机关和武装力量、各政党和各社会团体、各企业事业组织都必须遵守宪法和法律。一切违反宪法和法律的行为，必须予以追究。"人民武装警察部队是国家武装力量的重要组成部分，人民武装警察行使的是公权力，应当树立宪法至上、法律至上的思想，维护宪法和法律的权威，成为守法的模范，并以此带动人民群众自觉守法；维护宪法和法律的实施，本身就是人民武装警察部队各项职责和任务的主要目标之一，而实现这一目标的前提，就是必须全面履行宪法和法律明确的义务，依法行使宪法和法律赋予的权力，决不能有超越宪法和法律的特权，把履行职责、行使职权以及其他一切活动，严格限制在宪法和法律规定的范围之内。

本条中的"忠于职守"，是指忠诚地对待本职工作，一丝不苟，遵守自己的职业本分。人民武装警察作为特殊职业群体，更应当有高于一般职业的职业要求。人民武装警察部队每个岗位都有明确的职责，每名人民武装警察都应当忠于职守、勤勉尽责，用自己的全部精力兢兢业业、专心致志地工作。可以从三个层面来理解：一是始终忠诚于党。党对人民军队的绝对领导是人民军队的建军之本、强军之魂，作为武装力量的人民武装警察部队，忠诚于党是第一位的政治要求。二是恪守军人职责。《中华人民共和国国防法》第七十一条规定，"本法关于军人的规定，适用于人民武装警察"，人民武装警察同样需要遵守军人职业要求。三是圆满完成各项使命任务。人民武装警察要以执行命令的高效率和完成任务的高标准，让党和人民放心满意。

本条中的"职责"，是指根据职务要求设定的权力与义务，包括职权和责任，是职权与责任的统一。人民武装警察部队的职责是法定权力和义务，不能放弃或者转让。人民武装警察部队应当依照本法和其他法律的有关规定履行职责，包含两层含义：第一，该职责是明文规定的。人民武装警察部队行使权力、履行职责应遵循依法原则，这是建设法治国家的基本要求。人民武装警察部队只能在法律规定范围内行使权力，不得超出法律规定行动，否则就是滥用职权。本法立法目的之一就是赋予人民武装警察部队任务，并明确执行任务的权限，这些规定主要集中在本法第三章。在其他法律中，也有规范人民武装警察部队职责的规定，如《中华人民共和国突发事件应对法》第十四条规定"中国人民解放军、中国人民武装警察部队和民兵组织依照本法和其他有关法律、行政法规、军事法规的规定以及国务院、中央军事委员会的命令，参加突发事件的应急救援和处置工作"。《中华人民共和国戒严法》第八条规定"戒严任务由人民警察、人民武装警察执行；必要时，国务院可以向中央军事委员会提出，由中央军事委员会决定派出人民解放军协助执行戒严任务"。第二，该职责既有实体的要求，又有程序的要求。在实体要求上，如《中华人民共和国监狱法》第四十一条规定，"监狱的武装警戒由人民武装警察部队负责，具体办法由国务院、中央军事委员会规定"。因此人民武装警察部队只能在进行武装警戒时行使权力。此外，人民武装警察部队还应当按照规定的程序履行职责。法定程序能够使得实体的权利、义务得到公平的实现，有利于更好地保护公众的合法权益。如本法第二十条规定，"人民武装警察执行任务时，发现有下列情形的人员，经现场指挥员同意，应当及时予以控制并移交公安机关、国家安全机关或者其他有管辖权的机关处理"。其中，"经现场指挥员同意"即为该条规定的程序性要求，是进行控制、移交的必要条件。

二、关于人民武装警察部队履职行为受法律保护

本条中的"受法律保护"，主要是指人民武装警察部队依法履行职责，有关当事人有服从或者配合的义务，任何组织和个人不得非法干涉，对妨碍和阻碍人民武装警察部队依法履行职责的行为应当追究法律责任，这些法律责任在本法以及《中华人民共和国刑法》《中华人民共和国治安管理处罚法》等法律中均有规定。这样规定是为了保障国家法律的严格执行，有利于提高人民武装警察的执法权威，排除和减少各方面对人民武装警察执法的干扰，形成支持和协助人民武装警察依法履行职责的良好法治环境，增强人民武装警察的荣誉感和责任心。

【相关规定】

《中华人民共和国宪法》第五条；《中华人民共和国国防法》第七十一条。

第六条　对在执行任务中做出突出贡献的人民武装警察，依照有关法律和中央军事委员会的规定给予表彰和奖励。

对协助人民武装警察执行任务有突出贡献的个人和组织，依照有关法律、法规的规定给予表彰和奖励。

【条文主旨】

本条是关于实施表彰和奖励的规定。

【立法背景】

以习近平同志为核心的党中央高度重视功勋荣誉表彰工作。党的十八大以来，习主席多次对党和国家功勋荣誉表彰工作作出重要指示，强调要充分发挥党和国家功勋荣誉表彰的精神引领、典型示范作用，推动全社会形成见贤思齐、崇尚英雄、争做先锋的良好氛围。本条规定有序衔接国家功勋荣誉表彰体系，通过法律规范合理设置和正确运用激励手段，对于鼓励人民武装警察圆满完成任务、个人和组织协助人民武装警察执行任务具有重要作用。

【条文解读】

一、关于对人民武装警察的表彰奖励

《中华人民共和国国防法》第十条规定，"对在国防活动中作出贡献的组织和个人，依照有关法律、法规的规定给予表彰和奖励"；第六十二条规定，"国家建立军人功勋荣誉表彰制度"。《中华人民共和国军人地位和权益保障法》第二十五条规定，"国家建立健全军人荣誉体系，通过授予勋章、荣誉称号和记功、嘉奖、表彰、颁发纪念章等方式，对做出突出成绩和贡献的军人给予功勋荣誉表彰，褒扬军人为国家和人民做出的奉献和牺牲"。2022年初，中共中央、国务院、中央军委印发《军队功勋荣誉表彰条例》，按照勋章、荣誉称号、奖励、表彰、纪念章等，区分战时平时、行业领域、人员类别，对军队功勋荣誉表彰体系进行全面重塑。对人民武装警察进行表彰奖励作出规定，目的在于维护纪律、鼓励先进，与《中华人民共和国国防法》《中华人民共和国军人地位和权益保障法》的规定目标一致、衔接统一。人民武装警察执行任务具有高风险性，经常面临生与死、血与火的考验。当国家安全和社会稳定，以及人民群众生命财产受到威胁的时候，人民武装警察履行法律赋予的神圣使命，用忠诚、奉献和牺牲践行全心全意为人民服务的根本宗旨，应当依法表彰和奖励。"有关法律和中央军事委员会的规定"是对人民武装警察实施表彰奖励的依据。法律规定在我国管辖范围内可以普遍适用，如《中华人民共和国基本医疗卫生与健康促进法》第十三条规定，"对在医疗卫生与健康事业中做出突出贡献的组织和个人，按照国家规定给予表彰、奖励"。在新冠肺炎疫情防控工作中，人民武装警察部队医务人员义无反顾参加抗击疫情行动，若干个人和单位被党中央、国务院、中央军委按照规定表彰为抗击新冠肺炎疫情先进个人和先进集体。按照《中华人民共和国立法法》和《军事立法工作条例》的规定，"中央军事委员会的规定"

包括军事法规和军事规范性文件。其中主要由《中国人民解放军纪律条令》对奖励项目进行详细规范。此外，《军事立法工作条例》授权人民武装警察部队制定的军事规章，也可以对人民武装警察的表彰奖励作出规范，如人民武装警察部队评选的"中国武警忠诚卫士"，就属于对典型的表彰。

二、关于对个人和组织的表彰奖励

对个人和组织进行表彰奖励作出规定，目的在于弘扬正气，激发个人和其他组织协助人民武装警察执行任务的积极性、主动性。人民武装警察只有取得个人和组织的高度信任与支持配合，才能顺利完成任务。个人和组织协助人民武装警察执行任务，特别需要发扬奉献和牺牲精神，国家和社会应当对涌现的英雄人物、模范先进集体和个人进行表彰和奖励。对个人和组织的表彰奖励，依照法律和法规的规定组织实施。在本款的执行中，需要注意的是，被动协助人民武装警察执行任务的，如主观上不积极主动配合、依法对其采取强制性措施后协助执行任务的个人和组织，不适用本条。

三、本条执行中需把握的三个具体问题

一是"突出贡献"是对人民武装警察、个人和组织实施表彰奖励的重要标准，一般指在执行任务中和协助人民武装警察执行任务中，做出了明显高于常人的、超越一般的成就，其行为发挥了示范性、带头性或关键性作用，产生了较大的社会影响，可以作为榜样激励他人。人民武装警察的突出贡献，是指立足本职、勇于奉献，出色完成任务，取得显著成绩，对维护国家安全和社会稳定发挥了积极作用。个人和组织的突出贡献，是指在协助人民武装警察执行任务中，

不顾个人安危，勇于同违法犯罪行为作斗争，保护国家、集体财产和他人人身、财产安全，成绩突出，对维护国家安全和社会稳定发挥了积极作用。二是表彰和奖励的原则，对人民武装警察应严格标准、按绩施奖，发扬民主，贯彻群众路线，精神奖励和物质奖励相结合，以精神奖励为主，注重发挥物质奖励的激励作用；对个人和组织，应兼顾精神奖励和物质奖励两个方面，通过二者的有机结合，更好地激发全社会协助人民武装警察执行任务的积极性和主动性。三是本条规定的对人民武装警察的表彰奖励，仅限于"执行任务中"，对在人民武装警察部队常态性的建设、管理和训练中做出突出贡献的表彰奖励，不属于本条规范的事项，应依照中央军委和人民武装警察部队的有关规定组织实施。

【相关规定】

《中华人民共和国国防法》第六十二条；《中华人民共和国军人地位和权益保障法》第二十五条；《中华人民共和国国家勋章和国家荣誉称号法》；《"八一勋章"授予办法》；《军队功勋荣誉表彰条例》。

第七条　人民武装警察部队实行衔级制度，衔级制度的具体内容由法律另行规定。

【条文主旨】

本条是关于人民武装警察部队实行衔级制度的规定。

【立法背景】

衔级制度是一种级别和荣誉制度体系，一般在某些特殊行业实行。在人民武装警察部队领导指挥体制调整前，人民武装警察部队的衔级制度主要依据是《中国人民解放军军官军衔条例》《中国人民解放军士兵服役条例》《中国人民武装警察部队实行警官警衔制度的具体办法》等。《中国人民解放军军官军衔条例》第三十三条规定，"中国人民武装警察部队实行警衔制度，具体办法由国务院和中央军事委员会规定"。《中国人民武装警察部队实行警官警衔制度的具体办法》明确规定了人民武装警察部队警官警衔的称谓、编制方法、评定授予等内容。《中国人民解放军士兵服役条例》对士兵军衔的有关内容作出了详细规定，并在第五十条规定，"本条例适用于中国人民武装警察部队"。修订前的《中华人民共和国人民武装警察法》，也明确"人民武装警察部队实行警衔制度，具体办法由国务院、中央军事委员会规定"。但是人民武装警察部队领导指挥体制调整后，上述规定已与调整改革需求不相适应，需要依据《中华人民共和国宪法》规定，由全国人大常委会行使职权，重新作出规范。在国际上，俄罗斯、越南、罗马尼亚等国家关于警宪部队的法律，也都详细规定了相关的衔级制度，值得借鉴。

【条文解读】

人民武装警察部队属于国家武装力量，衔级制度是人民武装警察部队的重要管理制度之一。《中华人民共和国国防法》第二十六条第二款规定："中国人民解放军、中国人民武装警察部队依照法律规定实行衔级制度。"随着国防和军队改革的不断深入，中央军委印发了《现役军官管理暂行条例》，为人民解放军和人民武装警察部队明确了军衔主导的军官等级制度。军衔等级主导军官等级管理基本秩序，在区分军官等级、表明军官身份、彰显军官荣誉的基础上，进一步赋予军衔体现军官能力素质、反映军官服役贡献的功能，进一步凸显军衔在教育培训、考核评价、晋升任用、退役安置等军官职业发展管理中的调节作用，让军衔回归本质属性、居于主导地位。第十三届全国人大常委会第三十三次会议审议通过《全国人民代表大会常务委员会关于中国人民解放军现役士兵衔级制度的决定》，对士兵军衔的衔级、上下级关系等作出规定，与军衔主导的军官等级制度有机结合，形成了崭新的军队衔级制度。人民武装警察部队实行的衔级制度，是这一衔级制度的重要组成部分。人民武装警察部队实行衔级制度具有两项主要功能：一是衔级是用以区分人民武装警察等级、表明人民武装警察身份的标志，是对人民武装警察能力素质、服役贡献的确认和体现，是党和国家给予人民武装警察的地位和荣誉。二是在特定工作场景下能够迅速辨识身份，理顺上下级关系，完成工作任务。人民武装警察在执行任务中经常与其他友邻单位协同开展工作，特定场合下可能出现不能确定上下级关系的情形，衔级制度可以迅速确定彼此之间的上下级关系。

【相关规定】

《中华人民共和国宪法》第六十七条；《中华人民共和国国防法》第二十六条；《现役军官管理暂行条例》；《全国人民代表大会常务委员会关于中国人民解放军现役士兵衔级制度的决定》。

第八条　人民武装警察享有法律、法规规定的现役军人的权益。

【条文主旨】

本条是关于人民武装警察享有现役军人权益的规定。

【立法背景】

人民武装警察不能简单等同于现役军人。按照《中华人民共和国国防法》规定，武装力量由人民解放军、人民武装警察部队、民兵组成，人民解放军由现役部队和预备役部队组成。现役军人，是指在中国人民解放军服现役的军官、军士、义务兵等人员。可见，在人民解放军服现役的，才是现役军人，而一般把在人民武装警察部队服现役的，称为人民武装警察。

军人肩负捍卫国家主权、安全、发展利益和保卫人民的和平劳动的神圣职责和崇高使命，保障军人地位和合法权益，有助于激励军人履行职责使命，让军人成为全社会尊崇的职业，促进国防和军队现代化建设。在我国许多法律中，都有规定军人地位和权益的条文。特别是2021年6月10日颁布的《中华人民共和国军人地位和权益保障法》，为维护现役军人及其家属合法权益提供了系统规范。由本法明确人民武装警察享有现役军人的权益，有助于社会各界准确理解人民武装警察的地位和享有的权益，也有助于激励人民武装警察忠诚履行职责使命。

【条文解读】

一、关于人民武装警察享有的权益

本条中的"现役军人的权益"，是指现役军人依法享有的各种权益。在我国法律、法规中，存在大量规范现役军人权益的规定，主要有以下几个方面：

（一）受到社会尊重。《中华人民共和国国防法》规定，让军人成为全社会尊崇的职业；《中华人民共和国军人地位和权益保障法》

规定，军人是全社会尊崇的职业；其他法律、法规中，也有军人、残疾军人、烈士遗属，牺牲、病故军人家属，军人家属等都应当受到社会尊重的规定。

（二）依法履行职责受法律保护。《中华人民共和国国防法》规定，军人依法履行职责的行为受法律保护。《中华人民共和国刑法》规定了阻碍军人执行职务罪，明确以暴力、威胁方法阻碍军人依法执行职务的，处三年以下有期徒刑、拘役、管制或者罚金。

（三）授予军人荣誉。《中华人民共和国国防法》《"八一勋章"授予办法》等一系列法律、法规，对授予军人荣誉作了系统、全面的规范，特别是《中华人民共和国军人地位和权益保障法》专章规定了军人荣誉。

（四）社会和经济优待。主要包括：

1. 生活优待。国家对军人的工资、福利、住房、医疗、交通、通信等实施优待。《中华人民共和国国防法》第六十三条规定，"国家建立与军事职业相适应、与国民经济发展相协调的军人待遇保障制度"。《中华人民共和国军人地位和权益保障法》对军人的生活优待进行了详细规定，如第三十四条规定，"国家建立相对独立、特色鲜明、具有比较优势的军人工资待遇制度"；第三十五条规定，"国家采取军队保障、政府保障与市场配置相结合，实物保障与货币补贴相结合的方式，保障军人住房待遇"；第三十六条规定，"国家保障军人按照规定享受免费医疗和疾病预防、疗养、康复等待遇"。

2. 婚姻特殊保护。《中华人民共和国军人地位和权益保障法》第四十一条规定，"国家对军人的婚姻给予特别保护，禁止任何破坏军人婚姻的行为"。《中华人民共和国民法典》第一千零八十一条规定，"现役军人的配偶要求离婚，应当征得军人同意，但是军人一方有重大过错的除外"。《中华人民共和国刑法》第二百五十九条规定，"明知是现役军人的配偶而与之同居或者结婚的，处三年以下有期徒刑或者拘役"。

3. 军人保险。《中华人民共和国军人保险法》规定，国家建立军人保险制度；军人保险制度应当体现军人职业特点，与社会保险制度相衔接，与经济社会发展水平相适应；国家根据社会保险制度的发展，适时补充完善军人保险制度。《中华人民共和国军人地位和权益保障法》规定，国家实行体现军人职业特点、与社会保险制度相衔接的军人保险制度。

4. 退役保障。《中华人民共和国国防法》规定，国家建立退役军人保障制度，妥善安置退役军人，维护退役军人的合法权益。《中华人民共和国退役军人保障法》规定，国家关心、优待退役军人，加强退役军人保障体系建设，保障退役军人依法享有相应的权益。《中华人民共和国军人地位和权益保障法》规定，国家对依法退出现役的军人，依照退役军人保障法律法规的有关规定，给予妥善安置和相应优待保障。

5. 军人家属享受优待。《中华人民共和国国防法》规定，国家和社会优待军人家属，抚恤优待烈士家属和因公牺牲、病故军人的家属。《中华人民共和国军人地位和权益保障法》第五章"抚恤优待"中，对军人家属享受的优待政策进行了详细规定。

二、理解执行本条需要注意的问题

（一）人民武装警察享有现役军人的一切权益。在各类规定中，可能出现三种情形：一是同时规定了现役军人和人民武装警察的权益；二是仅规定了现役军人的权益，如在机场、车站张贴的"现役军人优先通道"或者"现役军人及消防救援人员优先通道"，但无论哪种情形，现役军人能享有的权益，人民武装警察均享有；三是作了兜底性规定，如《中华人民共和国国防法》规定的"本法关于军人的规定，适用于人民武装警察"。

（二）本条的立法主旨在于解决人民武装警察与现役军人待遇的一致性问题，并非限定其只能享受法律、法规规定的权益，对于其他具有普遍性且不附加条件的权益和优待，人民武装警察当然也能享受。"法律、法规"包括法律，军事法规、行政法规以及地方性法规。但本条不排除现役军人和人民武装警察能够享受的其他权益，因为现役军人和人民武装警察是为国家作出牺牲和贡献的特殊社会群体，应当受到国家和社会的普遍尊重、特殊优待。党的十八大以来，从制定《军队奖励和表彰管理规定》到通过《中华人民共和国国家勋章和国家荣誉称号法》，从印发《构建完善军人荣誉制度体系总体方案》到实施《"八一勋章"授予办法》，一系列规章制度和激励措施的出台，使现役军人和人民武装警察逐步成为全社会尊崇的职业。

【相关规定】

《中华人民共和国国防法》第八条、第二十二条、第六十二条、第六十三条、第六十四条、第六十五条、第六十六条；《中华人民共和国军人地位和权益保障法》；《中华人民共和国民法典》第一千零八十一条；《中华人民共和国刑法》第二百五十九条；《中华人民共和国军人保险法》；《中华人民共和国退役军人保障法》；《"八一勋章"授予办法》。

第二章　组织和指挥

本章体现了人民武装警察部队组织形态现代化要求，构建了高效顺畅的组织指挥制度。本章共6条，具体规范了人民武装警察部队的组成和编设原则，指挥关系，任务需求和工作协调机制，兵力调动的原则，参加中央和地方指挥机构的规定，中央国家机关、县级以上地方人民政府以及执勤目标单位对人民武装警察部队进行业务指导。

第九条　人民武装警察部队由内卫部队、机动部队、海警部队和院校、研究机构等组成。

内卫部队按照行政区划编设，机动部队按照任务编设，海警部队在沿海地区按照行政区划和任务区域编设。具体编设由中央军事委员会确定。

【条文主旨】

本条是关于人民武装警察部队组成和编设原则的规定。

【立法背景】

人民武装警察部队是中国共产党领导下的武装力量的重要组成部分。但人民武装警察部队担负的任务与人民解放军不同，是在社会面执行执勤、处置突发社会安全事件等任务，与广大人民群众直接接触，因此由法律对人民武装警察部队的组成和编设原则作出规定，有利于人民群众更好地理解、配合人民武装警察部队执行各项任务。

本法修订兼具行为法和组织法的特征，在法律中明确相关机构的组成，在国内和国际上都有可供参考的先例。《中华人民共和国人民警察法》第二条规定："人民警察包括公安机关、国家安全机关、监狱、劳动教养管理机关的人民警察和人民法院、人民检察院的司法警察。"《俄罗斯联邦国民近卫军法》第二条规定："遂行赋予内卫任务的部队有：内卫部队指挥机关；作战兵团和部队；特种摩托化兵团与部队；警卫国家重要目标和保卫特种物资的兵团与部队；航空部队；海上部队；高等军事职业教育机构；侦察部队；特种部队；内卫部队机构和行动保障部队。"

【条文解读】

一、关于人民武装警察部队组成

本条第一款明确规定，人民武装警察部队由三支主要力量组成，同时明确了院校、研究机构也是人民武装警察部队的重要组成部分。

习主席指出，要"全面推进军事理论现代化、军队组织形态现代化、军事人员现代化、武器装备现代化"，深刻揭示了国防和军队现代化建设的客观规律和实践路径。习主席强调，要"牢牢把握军队组织形态现代化这个指向"。优化部队组成是军队组织形态现代化的一个重要内容。历史上，人民武装警察部队曾由几类警种组成，主体力量除了内卫部队以外，还有黄金、森林、水电、交通部队和列入序列的边防、消防、警卫部队，共八大警种。人民武装警察部队调整改革，按照"军是军、警是警、民是民"的原则，剥离不必要的社会管理职能，退出与战斗力生成相悖的市场竞争领域，实现力量编成向根本职能聚焦。2018 年 3 月 21 日，中共中央印发《深化党和国家机构改革方案》，将列入人民武装警察部队序列、国务院部门领导管理的公安边防部队、公安消防部队、公安警卫部队的现役力量全部退出人民武装警察部队，将人民武装警察部队担负民事属性任务的黄金、森林、水电部队整体移交国家相关职能部门，并改编为非现役专业队伍，同时撤收海关执勤兵力，理顺了人民武装警察部队领导管理和组织指挥关系。

人民武装警察部队院校是为人民武装警察部队培养军事人才的基地。2017 年军队院校进行调整改革，基本形成了以联合作战院校为核心、以兵种专业院校为基础、以军民融合为补充的院校布局。调整后的人民武装警察部队院校，包括武警指挥学院、武警工程大学、武警警官学院、武警特种警察学院、武警后勤学院、武警士官学校等。武警研究院作为专业军事科研机构，主要为人民武装警察部队提供理论、法治和科技支撑。

二、关于人民武装警察部队的编设原则

力量编设，是指为达成战略目的，对战略方向、战略任务、战略力量及人员进行的全局性筹划和配置活动。这轮改革，坚决贯彻习主席赋予的新时代使命任务要求，以维护国家安全、社会稳定使命任务为根本，以形势变化、战略要求、战略重点、战场环境和具体任务为依据，着眼建设一支强大的现代化武装警察部队，按照充实、合成、多能、灵活的原则，优化执勤力量、充实机动力量、建强特战力量、发展新质力量，力量编成重构重塑，部队格局一新、结构一新、面貌一新。

【相关规定】

《中华人民共和国国防法》第十五条；《深化党和国家机构改革方案》。

第十条　人民武装警察部队平时执行任务，由中央军事委员会或者中央军事委员会授权人民武装警察部队组织指挥。

人民武装警察部队平时与人民解放军共同参加抢险救援、维稳处突、联合训练演习等非战争军事行动，由中央军事委员会授权战区指挥。

人民武装警察部队战时执行任务，由中央军事委员会或者中央军事委员会授权战区组织指挥。

组织指挥具体办法由中央军事委员会规定。

【条文主旨】

本条是关于人民武装警察部队指挥关系的规定。

【立法背景】

进入新时代，适应世界新军事革命发展趋势和国家安全需求，我国全面推进国防和军队现代化建设，全面深化国防和军队改革。领导指挥体制改革是适应现代军队专业化分工和信息时代能打仗、打胜仗的要求，提高军队作战效能和建设效益的重大举措。调整改革后，人民武装警察部队由党中央、中央军委集中统一领导指挥，实行中央军委——武警部队——部队领导指挥体制。习主席在向人民武装警察部队授旗并致训词时要求"加快融入全军联合作战体系"，为人民武装警察部队领导指挥体制调整后进一步理顺指挥关系提供了根本遵循。人民武装警察部队职能任务的特点，决定了其纳入联合作战体系的组织指挥具有相对特殊性，应当区分平时和战时，区分单独执行任务和与人民解放军联合执行任务，区分行动类型，对应作出规范，进一步厘清指挥职责界面，确保指挥主体明确、指挥权责统一，保证执行任务的高效指挥。

【条文解读】

本条明确了人民武装警察部队在平时和战时不同状态下、执行不同任务的指挥关系，具体包括平时单独执行任务，平时与人民解放军共同参加抢险救援、维稳处突、联合训练演习等非战争军事行动，以及战时执行任务的三种指挥关系，以法的权威性、稳定性、强制性保障人民武装警察部队的指挥体制顺畅运行，确保人民武装警察部队坚决听从党中央、中央军委和习主席指挥。

（一）平时执行任务，由中央军委或者中央军委授权人民武装警察部队组织指挥。人民武装警察部队平时单独执行执勤、处置突发社会安全事件、防范和处置恐怖活动、海上维权执法、抢险救援等任务，由中央军委直接指挥，或者中央军委授权人民武装警察部队组织指挥部队行动。

（二）本条第二款中的"战区"，是指 2016 年成立的东部战区、南部战区、西部战区、北部战区、中部战区，成立战区是党中央和中央军委着眼实现中国梦强军梦作出的战略决策，是全面实施改革强军战略的标志性举措。本条第二款规定了平时人民武装警察部队与人民解放军共同参加抢险救援、维稳处突、联合训练演习等非战争军事行动，由中央军委授权战区指挥。

（三）战时执行任务，由中央军委或者中央军委授权战区组织指挥。战时人民武装警察部队执行各项任务，由中央军委直接指挥，或者由中央军委授权战区组织指挥部队行动。

（四）组织指挥具体办法由中央军委规定。任务部队行动的具体组织指挥办法，属于武装力量内部事项，应由军事法规和军事规范性文件等进行明确。

【相关规定】

《中华人民共和国国防法》第十五条。

第十一条　中央国家机关、县级以上地方人民政府应当与人民武装警察部队建立任务需求和工作协调机制。

中央国家机关、县级以上地方人民政府因重大活动安全保卫、处置突发社会安全事件、防范和处置恐怖活动、抢险救援等需要人民武装警察部队协助的，应当按照国家有关规定提出需求。

执勤目标单位可以向负责执勤任务的人民武装警察部队提出需求。

【条文主旨】

本条是关于建立任务需求和工作协调机制的规定。

【立法背景】

人民武装警察部队的建设，按照中央军委规定的建制关系组织领导。中央和国家机关有关部门、地方各级党委和政府与人民武装警察部队各级相应建立任务需求和工作协调机制。《中共中央关于调整中国人民武装警察部队领导指挥体制的决定》要求，各地区各部门、人民解放军和人民武装警察部队要坚决贯彻党中央决策部署，强化"四个意识"，积极主动协调配合，做细做实相关工作，确保人民武装警察部队领导指挥体制有序转换、稳定运行。

【条文解读】

一、关于任务需求和工作协调机制

本条明确了"建立任务需求和工作协调机制"。习主席在向人民武装警察部队授旗并致训词时要求"加快构建军地协调联动新格局"。中央国家机关、县级以上地方人民政府是本法明确的用兵单位，与人民武装警察部队遂行任务形成特定的法律关系，负有法定的权责和义务。由于人民武装警察部队属于武装力量，由党中央、中央军委集中统一领导，中央国家机关、县级以上地方人民政府与人民武装警察部队建立任务需求和工作协调机制，既能确保部队高度集中统一，又能确保地方用兵合理合法、快用好用。

二、关于提出用兵需求

需要人民武装警察部队协助执行任务时，应当严格按照程序提报用兵需求、依法审批。第一，关于用兵需求提出的主体，主要包括中央国家机关、县级以上地方人民政府和执勤目标单位。"执勤目标单位"，指业务上与人民武装警察部队存在协作或者协助关系，与人民武装警察部队一定级别的分队形成了相对固定任务关系的单位，较为常见和典型的执勤目标单位有监狱、看守所、党政机关等。第二，关于用兵需求提出的任务范围，因重大活动安全保卫、处置突发社会安全事件、防范和处置恐怖活动、抢险救援等需要人民武装警察部队协助的，按照国家有关规定提出需求。第三，关于用兵需求的提报原则，根据党中央、中央军委有关文件规定提出用兵需求，坚持主体适格、事项合法、兵力数量合理的原则，严格按照武装力量内部审批流程执行。主体适格，指提出用兵需求的单位必须是根据有关规定有权限提出需求的主体；事项合法，指需要人民武装警察部队协助担负的任务，必须属于人民武装警察部队的职责范围，如不能提出要求人民武装警察部队对地方政府家属院、直辖市以外其他设区的市政府机关等进行警卫；兵力数量合理，指兵力数量与需要人民武装警察部队担负的任务相适应。第四，关于执勤目标单位提出用兵需求，只需向在本单位担负任务的人民武装警察部队提出，接到需求后，按中央军委相关规定审批办理。

【相关规定】

《中华人民共和国国防法》第十五条；《中共中央关于调整中国人民武装警察部队领导指挥体制的决定》。

第十二条　调动人民武装警察部队执行任务，坚持依法用兵、严格审批的原则，按照指挥关系、职责权限和运行机制组织实施。批准权限和程序由中央军事委员会规定。

遇有重大灾情、险情或者暴力恐怖事件等严重威胁公共安全或者公民人身财产安全的紧急情况，人民武装警察部队应当依照中央军事委员会有关规定采取行动并同时报告。

【条文主旨】

本条是关于人民武装警察部队执行任务兵力调动的原则，以及特殊情况的规定。

【立法背景】

依法用兵、严格审批是确保人民武装警察部队高度集中统一的必然要求，由法律明确这一原则，有利于坚决贯彻党对军队绝对领导的根本原则和制度，有利于全面维护和贯彻军委主席负责制，确保人民武装警察部队最高领导权和指挥权集中于党中央、中央军委和习主席。依法用兵、严格审批是确保部队有效履行职能使命的客观要求，当前随着经济社会发展，人民武装警察部队担负的任务日趋繁重，由法律确定这一原则，有利于人民武装警察部队聚焦主责主业、统筹力量布局，全力维护国家安全和社会稳定。依法用兵、严格审批是维护人民武装警察部队兵力调动使用严肃性权威性的现实需要，由法律明确这一原则，有利于坚决贯彻执行军事法规和上级命令，严格按照指挥关系、职责权限和运行机制组织实施，确保人民武装警察部队兵权贵一、军令归一。

【条文解读】

一、关于兵力调动的原则

坚持"依法用兵、严格审批"是调动人民武装警察部队执行任务的基本原则，目的是规范人民武装警察部队的调动和使用，加强对部队的管理和控制，更加有效地发挥人民武装警察部队的职能作用。

"依法用兵"，是指调动人民武装警察部队只能执行规定的任务，既不能执行法律、法规规定范围以外的任务，也不能执行中央军委未曾赋予的任务。此处的"法"，除了法律、法规外，还包括党中央有关文件规定以及军事法规制度。

"严格审批"，是指调动人民武装警察部队必须按照规定的程序和权限审批，对用兵需求进行实质审查，包括提出主体是否适格、担负任务是否合法、兵力数量是否合理等。

　　"按照指挥关系、职责权限和运行机制组织实施"是调动人民武装警察部队执行任务的基本要求。"指挥关系"，指人民武装警察部队具体由谁组织指挥的问题，调动人民武装警察部队执行任务，用兵单位对任务、分工进行总体把握，在组织指挥上仍按照本法第十条规定执行；"职责权限"，指人民武装警察部队在执行任务中职责和权限的具体范围，这在本法和其他相关法律、法规，以及相关军事规章、军事规范性文件中有明确规定，如在监狱、看守所主要执行外围武装警戒任务，监区内的管理等则不属于人民武装警察部队的职责范围；"运行机制"，指针对不同任务，军地双方可能会建立常设（应急）指挥机构，或者形成一定的任务运行模式和管理机制，在坚持"按照指挥关系、职责权限"的前提下，人民武装警察部队应当在担负该项任务的"运行机制"内具体组织实施，圆满完成任务。"批准权限和程序由中央军事委员会规定"的规定，明确了中央军委关于制定和规范调动人民武装警察部队批准权限和程序的职权。

　　二、关于紧急情况下部队采取行动的特殊规定

　　本条第二款对人民武装警察部队紧急情况下采取行动作了特别规定，完善了紧急情况下人民武装警察部队调动使用兵力的法律依据。人民武装警察部队作为国家武装力量的重要组成部分，在维护国家安全和社会稳定、保卫人民美好生活中肩负着重大职责，在维护政治安全特别是政权安全、制度安全中具有重要作用。人民武装警察部队坚持全心全意为人民服务的根本宗旨，以人民为中心，在人民利益遭受损失的危急时刻，应当迅速作出反应，抓住转瞬即逝的战机，组织部队第一时间赶赴现场、采取行动。在实践中应当重点把握两个方面：

一是紧急情况下采取行动并同时报告，是特殊情况下采取的特殊做法，有着严格的限制，情形上只能是"遇有重大灾情、险情或者暴力恐怖事件等严重威胁公共安全或者公民人身财产安全的紧急情况"，且必须按照有关规定明确的要求采取行动，包括部队类型、动用兵力数量等；二是紧急情况下采取行动，强调"并同时报告"，也就是要边行动边报告，而不是不报告和迟报告。

【相关规定】

《中华人民共和国监狱法》第四十一条；《中华人民共和国突发事件应对法》第八条；《中华人民共和国反恐怖主义法》第七条。

第十三条　人民武装警察部队根据执行任务需要，参加中央国家机关、县级以上地方人民政府设立的指挥机构，在指挥机构领导下，依照中央军事委员会有关规定实施组织指挥。

【条文主旨】

本条是关于人民武装警察部队参加中央和地方指挥机构的规定。

【立法背景】

中央国家机关、县级以上地方人民政府设立的指挥机构分为常设和应急两种类型。常设类型是指常态化成立的指挥机构，如《中华人民共和国反恐怖主义法》第七条规定的反恐怖主义工作领导机构。应急类型，是为针对具体事件、具体任务专门设立的，任务完成后即予以撤销的指挥机构，如《中华人民共和国突发事件应对法》第八条规定的突发事件应急指挥机构。

人民武装警察部队执行的任务，很多都由中央国家机关、县级以上地方人民政府牵头组织，需要多个部门、多种力量同时参与。为了充分发挥各相关部门的职能作用，加强配合，快速反应，高效稳妥开展工作，最大限度地避免和减少人员伤亡，减少财产损失，降低社会影响，圆满完成任务，由指挥机构进行统一有效的指挥协调至关重要。

【条文解读】

一、关于参加中央和地方指挥机构

首先，人民武装警察部队参加中央和地方指挥机构，应当以执行任务需要为前提条件。人民武装警察部队执行重大活动安全保卫、处置突发社会安全事件、防范和处置恐怖活动、抢险救援等任务时，依法参加中央和地方的常设或应急指挥机构。如《中华人民共和国突发事件应对法》第八条规定："县级以上地方各级人民政府设立由本级人民政府主要负责人、相关部门负责人、驻当地中国人民解放军和中国人民武装警察部队有关负责人组成的突发事件应急指挥机构，统一领导、协调本级人民政府各有关部门和下级人民政府开展突发事件应对工作。"人民武装警察部队建设、训练等方面，需要与地方建立协调机制的，不属于本条的规范内容。

其次，本条规定的指挥协调机构的设立主体是"中央国家机关、县级以上地方人民政府"。由中央国家机关、县级以上地方人民政府以外的其他国家机关、社会组织和个人发起设立相关类似机构，人民武装警察部队不能参加；人民武装警察部队也不能发起设立相关类似机构。如《中华人民共和国反恐怖主义法》第七条明确，"国家设立反恐怖主义工作领导机构，统一领导和指挥全国反恐怖主义工作。设区的市级以上地方人民政府设立反恐怖主义工作领导机构，县级人民政府根据需要设立反恐怖主义工作领导机构，在上级反恐怖主义工作领导机构的领导和指挥下，负责本地区反恐怖主义工作"。

二、关于"指挥机构领导"与"实施组织指挥"

本条执行中的关键是厘清"指挥机构领导"与"实施组织指挥"的关系。指挥机构领导，是对任务、分工进行总体把握，对人民武装警察部队在此项任务中的作用和目标进行明确，如《中华人民共和国反恐怖主义法》第八条规定："中国人民解放军、中国人民武装警察部队和民兵组织依照本法和其他有关法律、行政法规、军事法规以及国务院、中央军事委员会的命令，并根据反恐怖主义工作领导机构的部署，防范和处置恐怖活动。"此处的"部署"就是由反恐怖主义工作领导机构统筹协调，根据实际情况合理分配人民武装警察部队在此项任务中的具体分工。而在如何实现任务目标、如何具体组织部队行动上，仍按照武装力量内部领导指挥链路执行，即按照本法第十条以及中央军委的有关规定实施组织指挥。

【相关规定】

《中华人民共和国突发事件应对法》第七条、第八条；《中华人民共和国反恐怖主义法》第八条、第五十六条、第五十七条。

第十四条　中央国家机关、县级以上地方人民政府对人民武装警察部队执勤、处置突发社会安全事件、防范和处置恐怖活动、抢险救援工作进行业务指导。

人民武装警察部队执行武装警卫、武装守卫、武装守护、武装警戒、押解、押运等任务，执勤目标单位可以对在本单位担负执勤任务的人民武装警察部队进行执勤业务指导。

【条文主旨】

本条是关于中央国家机关、县级以上地方人民政府以及执勤目标单位对人民武装警察部队进行业务指导的规定。

【立法背景】

人民武装警察部队任务领域涉及核工业、国家物资储备、水利电力工程等；任务目标有党政机关、电视台、民生设施等；任务区域几乎涵盖全国所有县域；任务类型既有日常执勤，也有处置突发社会安全事件、抢险救援等。中央国家机关、县级以上地方人民政府以及执勤目标单位对本领域、本单位、本地区的技术标准、安全形势、社会面动态等情况更加熟悉，掌握更加全面，对担负任务的人民武装警察部队进行业务指导，有利于部队圆满完成任务。

【条文解读】

本条中的"业务指导"是指中央国家机关、县级以上地方人民政府、执勤目标单位依照规定，对人民武装警察部队执行任务中的相关业务工作进行指导的职责和义务。实践中应注意三点：一是执行任务的人民武装警察部队与中央国家机关、县级以上地方人民政府、执勤目标单位形成的是业务指导关系，而不是隶属关系和领导关系。二是用兵单位的业务指导，只限定于执勤、处置突发社会安全事件、防范和处置恐怖活动、抢险救援四类任务。三是执勤目标单位对执勤任务的指导，仅限于在本单位担负执勤任务的人民武装警察部队，不能对其他人民武装警察部队进行指导。上述单位依照规定对担负任务的人民武装警察部队进行业务指导，人民武装警察部队应当予以尊重。

【相关规定】

《中共中央关于调整中国人民武装警察部队领导指挥体制的决定》。

第三章　任务和权限

使命任务是人民武装警察部队在国家治理体系中地位作用的具体体现。准确界定人民武装警察部队任务范围、职责权限是本法规范的法律关系的基础和关键。本章共12条，规范了人民武装警察部队执勤、处置突发社会安全事件、防范和处置恐怖活动、抢险救援的具体任务范围，明确了执行任务的权限。

第十五条　人民武装警察部队主要担负下列执勤任务：

（一）警卫对象、重要警卫目标的武装警卫；

（二）重大活动的安全保卫；

（三）重要的公共设施、核设施、企业、仓库、水源地、水利工程、电力设施、通信枢纽等目标的核心要害部位的武装守卫；

（四）重要的桥梁和隧道的武装守护；

（五）监狱、看守所等场所的外围武装警戒；

（六）直辖市，省、自治区人民政府所在地的市和其他重要城市（镇）的重点区域、特殊时期以及特定内陆边界的武装巡逻；

（七）协助公安机关、国家安全机关依法执行逮捕、追捕任务，协助监狱、看守所等执勤目标单位执行押解、追捕任务，协助中国人民银行、国防军工单位等执勤目标单位执行押运任务。

前款规定的执勤任务的具体范围，依照国家有关规定执行。

【条文主旨】

本条是关于人民武装警察部队担负的执勤任务范围的规定。

【立法背景】

执勤作为人民武装警察部队经常性重要任务，涉及警卫、重大活动安全保卫、守卫守护、监所武装警戒、武装巡逻、押解押运等多个领域，是人民武装警察部队最经常、最大量、最基本的实践活动。当前，我国社会安全环境总体平稳，但影响执勤安全的不稳定、不确定因素仍然存在，确保执勤安全的政治要求高、工作任务重、安全压力大。本法明确规定执勤任务各项具体情形，对厘清执勤任务权责界面、确保人民武装警察部队依法遂行任务具有重要意义。

【条文解读】

本条对人民武装警察部队的执勤任务范围作出明确规定，不仅为人民武装警察部队依法执行执勤任务提供了法律依据，也有利于各有关单位正确向人民武装警察部队提报任务需求，同时还有利于人民群众对人民武装警察部队执行执勤任务进行监督。

一、关于武装警卫任务

警卫任务分为住地警卫、机关警卫、使馆警卫和其他重要目标警卫等。人民武装警察部队执行武装警卫任务，主要是保卫警卫对象和警卫目标的安全，防止违法犯罪分子暗害和破坏，协助有关部门维护警戒区的秩序，预防和处置灾害、事故。执行驻华外交代表机构警卫勤务，还应当协助有关部门维护国家安全、利益和荣誉。

二、关于重大活动的安全保卫任务

本条第一款第（二）项中的"重大活动"，包括党和国家召开的重大会议、组织的重要活动，省（自治区、直辖市）召开的重要会议，直辖市、省会城市、自治区首府重大节日举办的大型活动，国家和省（自治区、直辖市）主办或者承办的国际性重要会议、活动，全国性大型庆典、文艺、体育、商贸等活动。人民武装警察部队执行重大活动安全保卫任务，主要是保卫活动现场的安全，防止违法犯罪分子袭击和破坏，协助有关部门维护警戒区的秩序，预防和处置灾害、事故。

三、关于武装守卫任务

本条第一款第（三）项中的"公共设施"，主要指民航机场等；"核设施"，主要指核材料生产厂、核物资储备库等涉核场所；"企业"，主要指国防军工系统企业的总体设计场所、总装车间等；"仓库"，主要指国家物资储备仓库、基地等；"水源地"，主要指水库等；"水利工程"，主要指水电厂等；"电力设施"，主要指核电厂等；"通信枢纽"，主要指新华社电台、国家无线电监测中心等。本项中的"重要的"，是指符合条件的，按照国家规定需要纳入人民武装警察部队武装守卫范围的目标。需要特别指出的是，本项任务人民武装警察部队仅担负核心要害部位的武装守卫，核心要害部位由人民武装警察部队征求执勤目标单位上级主管部门意见后认定，并分类制定评定标准。人民武装警察部队执行武装守卫任务，主要是保护目标核心要害部位，防止违法犯罪分子的破坏活动，协助用兵单位维护警戒区秩序，预防和处置灾害、事故。

四、关于武装守护任务

本条第一款第（四）项中的"重要的桥梁和隧道"，指横跨大江大河或者穿越主要山脉的铁路主要干线重要位置上的五千米以上桥梁、一万五千米以上陆地隧道和一万米以上越海隧道，以及青藏铁路等重要桥梁隧道。人民武装警察部队执行武装守护任务，主要是保护桥梁、隧道安全，防止违法犯罪分子的破坏活动，维护警戒区域内的治安秩序，协助有关部门预防和处置灾害、事故。

五、关于外围武装警戒任务

本条第一款第（五）项中的"监狱、看守所"，特指国家监狱，在押犯达到一定数量的省（自治区、直辖市）监狱，以及省（自治区、直辖市）、市（地、州、盟）、县（市、区、旗）看守所和军事监狱、军事看守所。人民武装警察部队执行外围武装警戒任务，主要是防止被羁押人脱逃，制止被羁押人行凶、破坏、闹监和暴狱，防止和打击违法犯罪分子袭击监狱和看守所、劫夺被羁押人等犯罪活动，协助监狱和看守所预防和处置灾害、事故。

六、关于武装巡逻任务

本条第一款第（六）项中的"其他重要城市""重点区域""特殊时期"，通常由人民政府及其公安机关，根据当地社会治安形势和举办活动规模等来确定。人民武装警察部队执行武装巡逻任务，主要是维护社会治安秩序，防范和打击违法犯罪分子的破坏活动，保护公共财产、公民人身和合法财产，为公民提供救助服务，参加灾害、事故的救援工作等。

七、关于逮捕、追捕、押解、押运任务

本条第一款第（七）项中的"协助"，是指人民武装警察部队作为参与执行逮捕、追捕、押解、押运任务的重要力量，应积极配合有关单位执行相关任务。其中，协助"逮捕"指配合公安机关、国家安全机关依法抓获有证据证明有犯罪事实、可能判处徒刑以上刑罚、有羁押必要的犯罪嫌疑人、被告人的任务；协助"追捕"指配合公安机关、国家安全机关追踪抓获违法犯罪分子的任务；协助"押解"指配合监狱、看守所转移被羁押人的任务；协助"押运"指配合执勤目标单位将国防尖端产品、国家机密资料和货币，以及相关保密产品等警戒护送到接收单位的任务。

【相关规定】

《中华人民共和国核安全法》第五十九条；《中华人民共和国铁路法》第五十九条；《中华人民共和国监狱法》第四十一条、第四十六条；《中华人民共和国石油天然气管道保护法》第四十三条；《长江三峡水利枢纽安全保卫条例》第十一条、第十九条；《铁路安全管理条例》第四十一条；《公路安全保护条例》第二十四条、第五十四条；《中华人民共和国看守所条例》第七条。

第十六条　人民武装警察部队参与处置动乱、暴乱、骚乱、非法聚集事件、群体性事件等突发事件，主要担负下列任务：

（一）保卫重要目标安全；

（二）封锁、控制有关场所和道路；

（三）实施隔离、疏导、带离、驱散行动，制止违法犯罪行为；

（四）营救和救护受困人员；

（五）武装巡逻，协助开展群众工作，恢复社会秩序。

【条文主旨】

本条是关于人民武装警察部队担负处置突发社会安全事件任务的规定。

【立法背景】

突发社会安全事件，其本质特征主要是由一定的社会问题诱发，主要包括民族宗教事件、经济安全事件、涉外突发事件和群体性事件等。在《中华人民共和国反恐怖主义法》颁布前，恐怖袭击事件的应对处置主要由《中华人民共和国突发事件应对法》和全国人大常委会相关决定规范，随着《中华人民共和国反恐怖主义法》的出台，恐怖袭击事件的相关应对由该法规范，因此，本条所指突发社会安全事件不包括恐怖袭击。

参与处置突发社会安全事件是人民武装警察部队的重要任务之一。应对突发社会安全事件涉及多个部门和领域，应当根据现行法律关于中央和地方、不同部门之间相互关系和权限职责的规定，充分发挥各部门的积极性，充分发挥其在相关领域应对突发社会安全事件的突出作用。明确人民武装警察部队在处置突发社会安全事件中的具体职责和任务，充分发挥人民武装警察部队作用，是处置好突发社会安全事件的重要基础。

【条文解读】

一、关于突发事件

本条的"突发事件"，特指突发社会安全事件，这在本法第四条已经明确。突发社会安全事件，即严重危害社会治安秩序的事件，主要指动乱、暴乱、骚乱、非法聚集事件、群体性事件等，包含几个核心要素：一是具有明显的公共性和社会性。这种公共性和社会性表现在公共危机事件本身能够引起社会公众的高度关注，对公共利益产生较大的消极负面影响。二是具有突发性和紧迫性。突发事件的发生往往爆发突然、蔓延迅速，始终处于急速变化之中，且带有很强的随机性和不确定性，事件发生的具体时间、实际规模、具体形态和影响程度难以预测，很难掌握其中规律、形成明确客观判断，如果不能及时采取应对措施，危机就会迅速扩大和升级，极易引发连锁反应。三是具有危害性和破坏性。危害性和破坏性是突发事件的本质特征，无论什么性质和规模的突发事件，都必然不同程度地对生命财产、社会秩序、公共安全构成严重威胁，如应对不当就会造成巨大生命、财产损失或社会秩序的严重动荡。四是必须借助公权力的介入。突发事件使社会偏离正常发展轨道，使人民生活处于不稳定状态，组织常规工作方式和工作程序已失去作用，必须充分发挥公权力的领导、组织、指挥、协调等功能并动用社会人力、物力，从而解决突发事件造成的社会状态失衡。

二、人民武装警察部队处置突发社会安全事件的具体任务

本条第（一）项中的"重要目标"包括两个部分，一是国家规定的特定人员，指党和国家领导人、来华的外国国家元首及其他重要外宾；二是重要场所和设施，指各国驻华使馆、重要机关、厂矿企业以及重要会议现场、重大体育比赛场所、监狱、看守所以及重要桥梁、隧道、大型发电厂、石油库、广播电台、电视台以及国家重点建设工程、航天、通讯设施等。本项任务主要是保护上述目标安全，防止违法犯罪分子的破坏活动，维护警戒区域内的治安秩序。

本条第（二）项规定的任务，是指在社会安全事件发生后，为了维护社会治安秩序，必要的时候实行现场管制，限制人员进出被封锁管制的场所、道路，对出入封锁区域人员的证件、车辆、物品进行检查，禁止或者限制有关公共场所内的聚众等活动。对于仍然威胁人民生命财产安全的危险源、危险场所，采取必要措施予以控制或封锁，并采取措施防止危害扩大。

本条第（三）项规定的任务，是指人民武装警察部队参与处置动乱、暴乱、骚乱、非法聚集事件、群体性事件等突发事件时，通过隔离、带离、驱散等手段，将相关人员从现场疏散，坚决依法打击实施打、砸、抢、烧等暴力犯罪行为，坚决依法打击爆炸、枪击等严重暴力犯罪活动。本项中的"隔离"，是指将相互冲突和对抗的当事人置于不可能再发生冲突的地方。"带离"，是指将严重危害社会治安秩序或者威胁公共安全的人，强制带离现场。"驱散"，是指依法采取必要措施，将正在聚众实施危害社会秩序或者执勤目标安全的人群驱逐、疏散出所占据区域，恢复正常社会和工作秩序、确保执勤目标安全的行动。

本条第（四）项规定的任务，是指对受困、受伤、受到威胁等人员进行解救、疏散、撤离、安置，排除造成人员受害的险情。

本条第（五）项规定的任务，是指人民武装警察部队根据人民政府突发事件指挥协调机构的统一部署，通过武装巡逻进行武力震慑、打击违法犯罪活动，协助开展群众工作，以恢复社会秩序。

三、对本条理解把握应当注意的三个方面

（一）处置突发社会安全事件，人民武装警察部队是参与处置，不起主导作用，处置中参加地方人民政府设立的应急指挥机构的，应服从应急指挥机构的统一领导。在突发社会安全事件处置中，起主导作用的是中央国家机关或者地方人民政府。对此，《中华人民共和国突发事件应对法》第八条明确规定，"国务院……根据实际需要，设立国家突发事件应急指挥机构，负责突发事件应对工作" "县级以上地方各级人民政府设立由本级人民政府主要负责人、相关部门负责人、驻当地中国人民解放军和中国人民武装警察部队有关负责人组成的突发事件应急指挥机构，统一领导、协调本级人民政府各有关部门和下级人民政府开展突发事件应对工作；根据实际需要，设立相关类别突发事件应急指挥机构，组织、协调、指挥突发事件应对工作"。第九条规定："国务院和县级以上地方各级人民政府是突发事件应对工作的行政领导机关，其办事机构及具体职责由国务院规定。"

（二）突发事件的应对，包括预防、监测、准备、预警、处置等全流程全环节，人民武装警察部队参与应对突发社会安全事件任务，主要在"处置"环节，更突出现场性、行动性，通常在突发社会安全事件已经发生后进行，旨在平息事态，维护国家安全和社会稳定。

（三）《中华人民共和国突发事件应对法》第二十八条规定："中国人民解放军、中国人民武装警察部队和民兵组织应当有计划地组织开展应急救援的专门训练。"为此，人民武装警察部队应认真组织开展应对突发事件的专门训练，增强应急救援和处置能力，提高队伍战斗力，更好地完成使命任务。

【相关规定】

《中华人民共和国突发事件应对法》。

第十七条　人民武装警察部队参与防范和处置恐怖活动，主要担负下列任务：

（一）实施恐怖事件现场控制、救援、救护，以及武装巡逻、重点目标警戒；

（二）协助公安机关逮捕、追捕恐怖活动人员；

（三）营救人质、排除爆炸物；

（四）参与处置劫持航空器等交通工具事件。

【条文主旨】

本条是关于人民武装警察部队担负防范和处置恐怖活动任务的规定。

【立法背景】

防范和处置恐怖活动，是关系到国家安全、公共安全和公民个人人身安危的一项重要工作。当前，我国社会大局总体稳定，但受国际国内多种因素影响，反恐怖斗争形势仍然严峻复杂。尤其是民族分裂势力、宗教极端势力、暴力恐怖势力等"三股势力"，以分裂为最终目标、以极端主义为思想基础、以恐怖主义为手段，境内外勾结，利用包括传统传播媒介、互联网在内的新型传播媒介，打着民族、宗教等幌子，以歪曲宗教教义等非法方式，大肆宣扬、传播恐怖主义、极端主义思想，制造宗教狂热，煽动仇恨、煽动歧视，鼓吹暴力、残杀无辜，挑起骚乱暴动，对国家安全、政治稳定、经济社会发展、民族团结和公民生命财产安全都构成严重威胁，必须依法进行严厉打击惩治，坚决维护国家安全和社会稳定，维护公民生命财产安全。

人民武装警察部队是遂行防范和处置恐怖活动任务的重要力量。反恐怖主义工作涉及多个部门和领域，公安机关、国家安全机关和人民检察院、人民法院、司法行政机关等有关国家机关，以及人民解放军、人民武装警察部队和民兵等武装力量，都是反恐怖主义工作的核心力量，但具体分工不同，需要各相关部门各司其职、各负其责，共同做好反恐怖主义工作。明确人民武装警察部队在防范和处置恐怖活动中的具体职责和任务，充分发挥人民武装警察部队作用，是做好反恐怖主义工作的重要基础。

【条文解读】

一、关于恐怖活动

本条中的"恐怖活动"，属于一个严格的法律概念，主要从三个方面来把握：在本质属性上，根据《中华人民共和国反恐怖主义法》第三条第一款规定，恐怖活动是"恐怖主义性质"的行为，即通过暴力、破坏、恐吓等手段，制造社会恐慌、危害公共安全、侵犯人身财产，或者胁迫国家机关、国际组织，以实现其政治、意识形态等目的的行为。在基本特征上，一是恐怖活动目的具有直接确定性，以最终实现特定的政治、意识形态目的为根本目标；二是以暴力或以暴力相威胁为主，活动手段具有危害性；三是为造成社会恐怖气氛，恐怖活动具有公开性；四是为制造公众恐慌，侵害对象具有不确定性。在具体分类上，根据《中华人民共和国反恐怖主义法》第三条第二款的规定，将恐怖活动分为五类行为：一是组织、策划、准备实施、实施造成或者意图造成人员伤亡、重大财产损失、公共设施损坏、社会秩序混乱等严重社会危害的活动；二是宣扬恐怖主义，煽动实施恐怖活动，或者非法持有宣扬恐怖主义的物品，强制他人在公共场所穿戴宣扬恐怖主义的服饰、标志；三是组织、领导、参加恐怖活动组织；四是为恐怖活动组织、恐怖活动人员、实施恐怖活动或者恐怖活动培训提供信息、资金、物资、劳务、技术、场所等支持、协助或便利；五是其他恐怖活动。

二、关于防范和处置恐怖活动任务

暴力恐怖案件对国家安全、社会稳定、经济社会发展、民族团结和公民生命安全构成严重威胁，人民武装警察部队在防范和处置恐怖活动中发挥着越来越重要的作用。为严厉打击恐怖活动，维护社会安全稳定，保护人民生命财产安全，《中华人民共和国国防法》《中华人民共和国反恐怖主义法》和《中华人民共和国突发事件应对法》等法律均赋予了人民武装警察部队维护国家安全和社会稳定的职责，从多个方面明确了人民武装警察部队是防范和处置恐怖活动的重要力量。如《中华人民共和国反恐怖主义法》第八条第二款规定："中国人民解放军、中国人民武装警察部队和民兵组织依照本法和其他有关法律、行政法规、军事法规以及国务院、中央军事委员会的命令，并根据反恐怖主义工作领导机构的部署，防范和处置恐怖活动。"此外，该法第五十七条规定恐怖事件发生后，人民武装警察部队按照反恐怖主义工作领导机构和指挥长的统一领导、指挥，协同开展打击、控制、救援、救护等现场应对处置工作。第七十一条对人民武装警察部队派员出境执行反恐怖主义任务作了规定。因此，本法将人民武装警察部队防范和处置恐怖活动的任务细化为四项。

本条第（一）项规定的任务，指在恐怖事件现场通过设置临时警戒线，查验现场人员的身份证件，检查交通运输工具，武装巡逻等措施，封锁现场和周边道路，对重点目标进行警戒，防止事态及其危害进一步扩大。对受困、受伤、受到威胁等人员进行救援、救护，排除造成人员受害的险情。

本条第（二）项规定的任务，指协助公安机关抓获恐怖活动人员，即人民武装警察部队作为参与防范和处置恐怖活动的重要力量，在公安机关作出执行逮捕、追捕决定后，依法协助配合公安机关执行相关任务。

本条第（三）项规定的任务，指人民武装警察部队对恐怖分子劫持的人质进行解救，对恐怖分子安放的爆炸物进行搜索、排爆、转移等。"人质"是指被恐怖分子控制、用以迫使对方承诺或者履行某项条件的人。1979 年联合国大会通过《反对劫持人质国际公约》，对一切劫持人质行为提出谴责，并规定对犯有此项罪行者予以起诉和惩戒。

本条第（四）项规定的"劫持航空器等交通工具"，指用暴力或用暴力威胁，或用任何其他胁迫方式，非法劫持（非法企图）或者控制该航空器或其他交通工具。《关于制止非法劫持航空器的公约》（亦称《海牙公约》）对制止非法劫持航空器作了规定，也明确了缔约国有义务严厉处罚劫机行为。《中华人民共和国民用航空法》第一百九十一条规定："以暴力、胁迫或者其他方法劫持航空器的，依照刑法有关规定追究刑事责任。"《中华人民共和国刑法》第一百二十一条规定："以暴力、胁迫或者其他方法劫持航空器的，处十年以上有期徒刑或者无期徒刑；致人重伤、死亡或者使航空器遭受严重破坏的，处死刑。"《中华人民共和国人民警察使用警械和武器条例》第九条也明确规定，对"劫持航空器、船舰、火车、机动车或者驾驶车、船等机动交通工具，故意危害公共安全"等暴力犯罪行为，在紧急情形下，经警告无效的，可以使用武器。"参与处置劫持航空器等交通工具事件"，是指人民武装警察部队依据法律，以武力为主要形式，对劫持航空器等交通工具的违法犯罪分子，进行瓦解、制服或歼灭，从而解救人质的行动。

三、对本条理解把握需要注意的三个方面

（一）在防范和处置恐怖活动中，人民武装警察部队按照反恐怖主义领导机构和指挥长的统一领导和指挥部署参与应对处置工作。《中华人民共和国反恐怖主义法》第八条第二款规定："中国人民解放军、中国人民武装警察部队和民兵组织依照本法和其他有关法律、行政法规、军事法规以及国务院、中央军事委员会的命令，并根据反恐怖主义工作领导机构的部署，防范和处置恐怖活动。"这是人民武装警察部队参与防范和处置恐怖活动的特别法依据。

（二）人民武装警察部队对恐怖活动的应对，体现在"防范和处置"范畴内。按照《中华人民共和国反恐怖主义法》的体系架构，反恐怖主义工作包括对恐怖活动组织和人员的认定、安全防范、情报信息、调查、应对处置、国际合作等不同的内容，与处置突发社会安全事件一样，人民武装警察部队担负的反恐怖任务侧重于"防范和处置"，更突出现场性、行动性。

（三）根据《中华人民共和国反恐怖主义法》第五十八条关于突发恐怖事件临时指挥的规定，人民武装警察部队发现正在实施恐怖活动的，应当履行以下两项主要职责：第一，立即控制恐怖事件发展和恐怖活动犯罪嫌疑人。人民武装警察部队发现正在实施恐怖活动的，要在第一时间作出反应，防止恐怖事件扩大发展。第二，将案件及时移交公安机关。恐怖事件通常涉嫌刑事犯罪，先行处置的人民武装警察部队对在行动中控制住的恐怖活动犯罪嫌疑人以及掌握的恐怖活动犯罪证据，应当及时移交公安机关。

【相关规定】

《中华人民共和国反恐怖主义法》第七条、第八条、第五十七条、第五十八条；《中华人民共和国刑法》第一百二十一条；《中华人民共和国民用航空法》第一百九十一条；《中华人民共和国人民警察使用警械和武器条例》第九条。

第十八条　人民武装警察部队参与自然灾害、事故灾难、公共卫生事件等突发事件的抢险救援，主要担负下列任务：

（一）参与搜寻、营救、转移或者疏散受困人员；

（二）参与危险区域、危险场所和警戒区的外围警戒；

（三）参与排除、控制灾情和险情，防范次生和衍生灾害；

（四）参与核生化救援、医疗救护、疫情防控、交通设施抢修抢建等专业抢险；

（五）参与抢救、运送、转移重要物资。

【条文主旨】

本条是关于人民武装警察部队担负抢险救援任务的规定。

【立法背景】

我国地域辽阔，灾害事故种类繁多，自然灾害、事故灾难和公共卫生事件高发频发。抢险救援已经成为人民武装警察部队多样化任务中的常态化任务，本条对人民武装警察部队遂行抢险救援任务的具体情形和行动要求作出规定，为遂行任务提供了法律依据和保障。

人民武装警察部队参加抢险救援，主要任务是抢救人民群众的生命财产，保卫国家战略目标、重要城市、交通干线和骨干工程等重点、要害目标的安全，参加专业抢险，协助地方人民政府，同人民群众一道把灾害造成的损失减少到最低限度。我国现行法律，如《中华人民共和国防震减灾法》和《中华人民共和国防洪法》，《破坏性地震应急条例》《中华人民共和国防汛条例》等行政法规，以及《军队参加抢险救灾条例》等军事行政法规，都有关于包括人民武装警察部队在内的武装力量参与抢险救援的规定。人民武装警察部队在抢险救援中发挥着重要作用，为维护人民生命财产安全做出了巨大贡献。

【条文解读】

一、关于自然灾害、事故灾难、公共卫生事件等突发事件

本条中的"自然灾害"，主要包括水旱灾害、气象灾害、地震灾害、地质灾害、海洋灾害、生物灾害和森林草原火灾等。"事故灾难"，主要包括工矿商贸等企业的各类安全事故、交通运输事故、公共设施和设备事故、环境污染和生态破坏事件等。"公共卫生事件"，主要包括传染病疫情、群体性不明原因疾病、食品安全和职业危害、动物疫情，以及其他严重影响公众健康和生命安全的事件。"自然灾害、事故灾难、公共卫生事件等突发事件"，均属于《中华人民共和国突发事件应对法》中明确的突发事件类型，但是本条排除了"突发社会安全事件"，因为相关任务在本法第十六条已经作了明确规定。这样

区分的主要原因在于：一方面，人民武装警察部队对任务的习惯分类表述，一直将两类任务区分为"处突"和"抢险救援"；另一方面，人民武装警察部队对突发社会安全事件的处置手段，与处置其他三类突发事件的手段有明显不同，自然灾害、事故灾难、公共卫生事件在事件类型和处置手段上具有明显同质性。

二、关于参与突发事件的抢险救援

本条第（一）项规定的"参与搜寻、营救、转移或者疏散受困人员"，属于救助性措施，即在危机已经来临，可能危及公民生命、健康时，对处于洪区、疫区、火灾区、放射区、地震区等灾区的公民，人民武装警察部队通过营救、疏散、撤离等方式，将在危险区域内受到威胁的人员转移到安全地带，并妥善安置。这是人民武装警察部队参加抢险救援担负的首要任务。

本条第（二）项规定的"参与危险区域、危险场所和警戒区的外围警戒"，属于控制性措施，即对被传染病病原体污染的公共饮用水源，易燃易爆品、危险化学品、放射性物品存放地等具有较大危险性的场所，或者人民政府划定的警戒区及时予以控制。需要特别指出的是，人民武装警察部队对上述区域的控制，一般限于外围警戒。

本条第（三）项规定的"参与排除、控制灾情和险情，防范次生和衍生灾害"，是指灾情发生后，在抢救人员的同时，应及时投入力量，对关乎全局的重大险情和灾情进行排除或控制，尽可能消除或抑制灾害源和灾害载体，限制险情、灾情进一步蔓延和扩展，减轻灾害造成的危害。只有及时有效采取措施排除、控制灾情和险情，防止次生、衍生灾害发生，才能有效地保护国家财产和人民群众生命财产安全，减轻灾害损失。

本条第（四）项规定的"参与核生化救援、医疗救护、疫情防控、交通设施抢修抢建等专业抢险"，属于人民武装警察部队所能担负的专业抢险任务，技术要求高，需要专业力量来完成。人民武装警察部队的防化专业力量，担负核生化救援任务，可协助有关部门实施应急侦察、检测、检验、分析等作业，查明事故性质、种类、规模、危害程度、污染情况；实施去污洗消，控制灾害范围，减轻灾难危害，组织工程抢险，指导和帮助群众搞好防护或撤离，以及提供力所能及的支援等。人民武装警察部队的医疗卫勤官兵，可以担负医疗救护、疫情防控任务。医疗救护方面，可以会同地方医务机构组成强有力的一线卫勤保障力量，对受伤人员特别是危重伤员进行现场紧急救治或后送治疗，指导群众进行疾病预防和心理干预。疫情控制方面，主要是抽组防疫队伍、动用各类喷雾器、防化消毒车辆、喷洒飞机等，对相关地区进行喷洒消毒，有效控制烈性传染病暴发和疾病流行。同时在灾区开展卫生防疫宣传教育，针对可能发生的疫情，采取积极治疗措施，改善卫生状况，降低发病率。人民武装警察部队的交通专业兵种，可以担负交通设施的抢修抢建，主要是配合地方有关部门和专业维修力量，对遭受重大破坏、影响救灾兵力和物资运输的交通设施进行突击抢修，可担负协助清除路障、填复路基、急造道路、加固桥梁、疏通隧道和江上开设浮桥渡场等任务，以恢复交通设施通行能力。

本条第（五）项规定的"参与抢救、运送、转移重要物资"，既包括抢救受灾区域的重要物资并转移到安全区域，也包括将受灾区域的急需物资运输至灾区。

三、对本条理解把握需要注意的三个方面

（一）人民武装警察部队开展抢险救援是参与行为，处置中参加地方人民政府设立的应急指挥机构的，应服从应急指挥机构的统一领导。《中华人民共和国突发事件应对法》第八条、第九条有明确规定，在本法第十六条释义中已有阐释，在此不再赘述。此外，其他法律中也有相关依据，如《中华人民共和国防震减灾法》第五十一条规定："特别重大地震灾害发生后，国务院抗震救灾指挥机构在地震灾区成立现场指挥机构，并根据需要设立相应的工作组，统一组织领导、指挥和协调抗震救灾工作。各级人民政府及有关部门和单位、中国人民解放军、中国人民武装警察部队和民兵组织，应当按照统一部署，分工负责，密切配合，共同做好地震应急救援工作。"

（二）人民武装警察部队对突发自然灾害、事故灾难、公共卫生事件的应对，主要在"处置"环节。对突发自然灾害、事故灾难、公共卫生事件的应对，包括预防、监测、准备、预警、处置等全流程全环节，其中"处置"更突出现场性、行动性，即在事件发生后进行的控制现场、抢救生命、保护重要物资、组织应急救灾、保护重要目标等活动。

（三）除本条规定的五项具体任务外，人民武装警察部队在抢险救援中还可以担负一些其他任务。如《军队参加抢险救灾条例》第三条规定，必要时，军队可以协助地方人民政府开展灾后重建等工作；第十七条作出了人民武装警察部队参加抢险救灾参照执行的规定。灾后重建虽然不属于本条的规范内容，但任务实践中，人民武装警察部队在历次抢险救援行动后，都担负了协助地方人民政府对遭受严重损毁的基础设施、关系国计民生的重要生产和生活设施等进行恢复和重建等工作，如帮助灾区恢复生产生活、伤病救治、卫生防疫、搭建帐篷学校、物资转运、保护抢救文化遗产等。同时，人民武装警察部队还可以按照有关规定，协助地方人民政府维护灾区的社会稳定、看护救灾物资、维护交通秩序，配合公安机关打击犯罪分子，保持灾区社会稳定。

【相关规定】

《中华人民共和国突发事件应对法》第八条、第九条、第十四条、第二十八条；《中华人民共和国防震减灾法》第九条、第五十一条；《中华人民共和国生物安全法》第二十一条；《中华人民共和国核安全法》第五十九条；《中华人民共和国放射性污染防治法》第二十六条；《中华人民共和国防洪法》第四十三条；《中华人民共和国抗旱条例》第六十四条；《草原防火条例》第三十一条；《军队参加抢险救灾条例》。

第十九条　人民武装警察执行任务时，可以依法采取下列措施：

（一）对进出警戒区域、通过警戒哨卡的人员、物品、交通工具等按照规定进行检查；对不允许进出、通过的，予以阻止；对强行进出、通过的，采取必要措施予以制止；

（二）在武装巡逻中，经现场指挥员同意并出示人民武装警察证件，对有违法犯罪嫌疑的人员当场进行盘问并查验其证件，对可疑物品和交通工具进行检查；

（三）协助执行交通管制或者现场管制；

（四）对聚众扰乱社会治安秩序、危及公民人身财产安全、危害公共安全或者执勤目标安全的，采取必要措施予以制止、带离、驱散；

（五）根据执行任务的需要，向相关单位和人员了解有关情况或者在现场以及与执行任务相关的场所实施必要的侦察。

【条文主旨】

本条是关于人民武装警察执行任务时可采取措施的规定。

【立法背景】

人民武装警察部队执行任务，相关措施是与限制公民相应的权利相联系的，为保障人民武装警察正确采取措施以完成任务，在尽量减少对社会正常生活和公民权利影响的情况下有效行使职权，确保安全、圆满完成各项任务，需要对采取各类措施的情形、内容、程序等作出规定，这样有利于保证人民武装警察有效处置各类情况，保护人民生命财产安全，维护国家安全、公共安全和社会秩序，更有效地保护社会整体利益。

在我国立法实践中，也有可供参考的先例。如《中华人民共和国人民警察法》第二章"职权"一章中，就对公安机关的人民警察执行任务过程中相关职权作了规定，如第十五条规定"县级以上人民政府公安机关，为预防和制止严重危害社会治安秩序的行为，可以在一定的区域和时间，限制人员、车辆的通行或者停留，必要时可以实行交通管制"。

【条文解读】

"措施"是一种职权性手段，在本法中，特指为了保障人民武装警察圆满完成任务，由法律赋予的可以在任务中行使的一种权限。对"措施"的行使有三个条件，即主体适格、情形合法、权限法定。一是只有人民武装警察可以行使这些措施，人民武装警察在与其他任务主体协同完成任务时，各自均应按照法定权限履行职责；二是必须在"执行任务时"，本条赋予人民武装警察权限的目的是保障任务圆满完成，必须是人民武装警察在执行任务过程中才可以依法行使，而不能在训练、日常生活中行使；三是"依法"，即不得超过法律规定的限度采取措施。

第（一）项中的"警戒区域"，是指人民武装警察执行任务时的管控范围，如重大活动安保现场、目标单位的警戒区域等，所以使用"进出"；"警戒哨卡"，是指在交通要道等场所，设置的哨卡，对于警戒哨卡来说，哨卡内的区域，虽有时也属重点管控区域，但已经超出哨卡任务部队的目标范围，所以采用"通过"，如省际道口的警戒哨卡等。对强行进出、通过的，人民武装警察可以采取驱离、带离、控制、使用警械武器等必要措施予以制止。"阻止"和"制止"，通常以警告、劝阻、拦截为表现形式。"必要措施"，是指在紧急或特殊情况下，为确保执勤人员、警戒区域和警戒哨卡安全，不得不采取的强制手段，既符合任务需求，又不会造成不必要的损害。

人民武装警察在行使本项权限时，严禁言行粗暴，态度恶劣，故意刁难正常进出、通过人员；严禁私放无关人员、车辆进入警戒区域或通过警戒哨卡；严防查验不认真，导致人员或车辆携带违规、违禁物品进出警戒区域或通过警戒哨卡；严防因警惕性不高、情况处置不力导致被袭，造成人员伤亡、财产损失或其他严重后果；严禁将持无效和假冒证件人员和车辆放入（出）警戒区域、通过警戒哨卡。被检查人应当认真履行接受检查的义务，充分尊重法律赋予人民武装警察的检查权，积极配合人民武装警察行使该项权力，不得抗拒和拖延；应当主动出示证件、自觉停车、开示物品，按照规定接受检查；如实说明和填报个人身份，出入或经过事由、携带物品或交通工具等，否则应当承担相应的法律后果。

第（二）项规范了人民武装警察盘问、查验证件、检查的职权。行使这些职权，本项规范了四个限制条件：一是"在武装巡逻中"是对"执行任务时"行使此项职权的具体化。二是必须"经现场指挥员同意"，是指现场指挥员以直接指派或者同意请示的方式决定实施。现场指挥员可以是人民武装警察部队的指挥员，也可以是联勤巡逻中公安机关的指挥员，人民武装警察部队领导体制调整后，武装巡逻任务出现了更多形态和特点，方式上既有车巡也有步巡，形式上既有单独巡逻也有联勤巡逻，本项并未对现场指挥员的身份进行限制。三是必须"出示人民武装警察证件"。随着法治国家、法治政府、法治社会一体建设不断推进，示证已经成为对执法单位开展执法工作的普遍要求，人民武装警察部队作为维护宪法和法律实施的武装力量，理应按照新时代法治社会建设标准，对执行任务行为作出更高的要求。四是必须是"当场"。"当场"包括时间和空间上的要求，即必须在发现有违法犯罪嫌疑人员后，在发现地马上进行盘问和检查，不能擅自将嫌疑人员带离现场进行盘问检查，也不得延迟盘问和检查。

人民武装警察采取本项措施时，应当及时收缴查验对象持有的非有效证件，视情报告上级并交由公安机关处理；对警告后拒不出示证件或不配合查验的查验对象，讲明规定，告知后果，必要时向上级报告并交由公安机关处理；及时控制携带违规、违禁物品的查验对象或违法犯罪嫌疑人，向上级报告并移交公安机关处理；及时组织力量追击逃跑的违法犯罪嫌疑人，同时报告上级、通报友邻单位；依法果断处置暴力袭击执勤人员或抢夺武器装备的查验对象，及时报告情况并移交公安机关处理，及时组织救护伤亡人员并保护好现场。严禁未经现场指挥员同意擅自查验；严禁不履行或疏于履行查验职责；严禁违反规定程序实施查验；严禁查验享有外交特权与豁免的外国人及享有外交特权与豁免的国际组织驻华代表机构人员；严禁言行粗暴、态度蛮横；严禁违反规定使用警械、武器或采取其他强制措施。被盘问、查验和检查人应当认真履行义务，充分尊重法律赋予人民武装警察的盘问、查验和检查权，积极配合人民武装警察行使该项职权，不得抗拒和拖延；应当主动出示证件、自觉停车、开示物品，按照规定接受盘问、查验和检查，否则应当承担相应的法律后果。

第（三）项职权中"协助"，特指人民武装警察执行交通管制或者现场管制时，必须按照有权机关的指令开展，即人民武装警察部队没有权限擅自决定进行交通管制和现场管制，也没有权力单独进行交通管制和现场管制。"交通管制"是指公安机关出于某种安全方面的需要，对部分或全部交通路段的车辆和人员通行进行控制的措施，主要包括发布通告、设置标志或路障、疏导行人和车辆、管制解除后恢复秩序等。"现场管制"是公安机关的一种行政强制手段，即发生严重危害社会治安秩序事件时，公安机关经过相关部门批准，可以对现场人员、事件情况进行管理控制，其主要措施包括封闭现场和相关地区、设置警戒线或划定警戒区域、控制现场制高点、施行区域性交通管制、查验现场人员身份证件、盘查嫌疑人员等。

人民武装警察行使本项权限时，不得擅自禁止、限制道路上过往的行人和车辆通行，影响正常交通秩序；不得擅自扩大或缩小管制区域、更改管制路线、延长或缩短管制时间；不得擅自扣留机动车辆、驾驶人、证件或物品；不得擅自允许不能进入管制范围的人员、车辆进入管制区域或道路；不得擅自处理职权范围以外的情况；严禁语言不文明、行为粗暴、故意刁难行人和车辆驾驶人；严禁违反规定答复群众提出的问题、泄露执勤秘密。道路交通与现场管制相对人应当服从执行该项任务的人民武装警察的指挥和管理，配合维护好现场秩序。

第（四）项规范了制止、带离、驱散的职权。"制止、带离、驱散"都是为维护治安秩序和社会稳定，对危害行为人进行劝离无效后所采取的强迫其停止的强制措施，必须以出现"聚众扰乱社会治安秩序、危及公民人身财产安全、危害公共安全或者执勤目标安全"为前提，其具体手段为"必要措施"。所谓必要措施，是指足以防止违法行为的继续和危害后果的发生，且不会给危害行为人造成不成比例的损害的措施。

人民武装警察采取本项措施时，不得言行粗暴、态度蛮横；不得采用不正确方式带离行为人；不得擅自采取驱散行动；不得因决策和行动失误造成无辜群众人身伤害、财产损失；不得违抗命令；不得临阵退缩或脱逃；不得违反规定使用警械武器。

第（五）项规范了人民武装警察的"侦察"职权。此处为"侦察"而非"侦查"，"侦察"与"侦查"，在手段上基本一致，但是"侦查"属于《中华人民共和国刑事诉讼法》规定的一个诉讼阶段，侦查行为只能由法定的侦查机关进行，侦查活动获取的证据能够在后续的刑事诉讼中使用，人民检察院可以依据侦查获得的证据批准逮捕犯罪嫌疑人，对嫌疑人向人民法院提起公诉，人民法院可以依据侦查获得的证据对被告人进行审判。本项中的"侦察"，指人民武装警察为获取执行任务所需的情报信息而采取的行动。"相关单位和人员"，指了解掌握人民武装警察部队遂行任务所需的情报信息或数据的单位和人员，主要包括部队驻地、任务地域及周边的公安、安全、民族宗教、交通运输、应急管理、自然资源及军队等相关职能部门，企事业单位、人民团体和个人。"有关情况"，指与遂行任务有关的处置（作战）对象情况、民情、友邻情况、社情和地形、天候、气象、水文及其他对部队行动有影响的情况。本项对"侦察"职权规范的限制，一是任务需要是实施"侦察"的必要条件，"侦察"的目的是保障人民武装警察部队执行任务；二是侦察的地域范围应限定在任务现场以及执行任务相关的场所。

人民武装警察采取本项措施时，应派出侦察力量先期查明事件的基本情况，重点是部队受领任务后向事发地开进路途、事发现场以及任务相关场所的处置（作战）对象情况、社情、地形及重要目标等情况；侦察力量应当根据遂行任务需要，查明事件的起因、背景、性质、规模及发展趋势；参与者的成分、数量、位置、特征、企图、持有的暴力工具和通信器材、当前活动及下一步可能采取的行动；事发地地形、道路交通、建筑物状况；当地政府所采取措施及群众反应情况等。实施侦察时，要防止与人民群众发生冲突；不得擅自扩大范围和对象；

不得擅自处理有关证据、物品；不得擅自处置有关情况；不得擅自使用技术手段；不得扩大密级掌握范围；严禁侵犯公民的人身权利；严禁侵害公私财物；严防出现错情、漏情或暴露我方企图等情况。公民、法人和其他组织，对人民武装警察部队履行侦察职责应当尊重，予以配合。

【相关规定】

《中华人民共和国监狱法》第四十一条、第四十六条；《中华人民共和国道路交通安全法》第四十条；《中华人民共和国人民警察法》第十五条；《中华人民共和国刑事诉讼法》第二编第二章。

第二十条　人民武装警察执行任务时，发现有下列情形的人员，经现场指挥员同意，应当及时予以控制并移交公安机关、国家安全机关或者其他有管辖权的机关处理：

（一）正在实施犯罪的；

（二）通缉在案的；

（三）违法携带危及公共安全物品的；

（四）正在实施危害执勤目标安全行为的；

（五）以暴力、威胁等方式阻碍人民武装警察执行任务的。

【条文主旨】

本条是关于人民武装警察执行任务时行使控制职权的规定。

【立法背景】

管辖权是国家机关根据各类案件性质在国家内部的划分，是正确发挥各项职能的前提和基础，只有将各类型人员快速有效移交对应机关部门，才能高效地对各类违法犯罪行为给予制裁。人民武装警察在执行任务时遇到违法犯罪活动和危害社会的行为，以及以暴力、威胁等方式阻碍人民武装警察执行任务的情形，应当根据行为对象的类型予以控制并移交给有管辖权的机关进行处理。

人民武装警察的控制职权不同于公民的"扭送"行为。《中华人民共和国刑事诉讼法》第八十四条规定："对于有下列情形的人，任何公民都可以立即扭送公安机关、人民检察院或者人民法院处理：（一）正在实行犯罪或者在犯罪后即时被发觉的；（二）通缉在案的；（三）越狱逃跑的；（四）正在被追捕的。"可见，人民武装警察的控制职权，与扭送有一定相似性，但具有不同的法律性质和后果。人民武装警察的控制职权，属于法定职权，在现场指挥员同意后，人民武装警察必须执行，以确保维护社会稳定、保护公民生命财产安全。而扭送，属于一种见义勇为行为，公民可以为，也可以不为。

【条文解读】

本条中的"控制"，是指人民武装警察采取有效方法和手段，对正在实施犯罪、通缉在案、违法携带危及公共安全物品、正在实施危害执勤目标安全行为以及以暴力、威胁等方式阻碍人民武装警察执行任务的人员，行使的临时的限制其人身自由的一项职权。控制职权不同于公民的扭送权，是法定职责，应依法履行不能放弃；控制职权具有临时性，必须将控制对象及时向有管辖权的机关移交。

本条中的"移交"，是指依法将控制对象转交有管辖权机关的行为，需要特别指出，在移交行为人的同时，应当一并移交人民武装警察在任务中获取的证据、扣押的物品等，如执法记录仪摄录的音视频、截取的监控录像、扣押的危险物品等。依照《中华人民共和国刑事诉讼法》有关规定，一般刑事案件犯罪嫌疑人移交给公安机关，涉及危害国家安全的犯罪嫌疑人移交给国家安全机关，有军人或者人民武装警察身份的犯罪嫌疑人移交给人民解放军或者人民武装警察部队的保卫部门。

第（一）项"正在实施犯罪的"，按照刑法理论，不仅包括正在进行犯罪活动的人，还包括犯罪活动刚刚实施完毕仍在现场的人。

第（二）项"通缉在案的"，是指被县级以上公安机关发布通缉令的犯罪嫌疑人、被公安机关网上追逃的犯罪嫌疑人、羁押后脱逃的人员等。

第（三）项"违法携带"，强调"违法"性，当事人经过法定的审批手续，合法持有相关危险品，则不属于控制移交的范围。

第（四）项"正在"在执行中的理解，也应按照第（一）项中关于"正在"的理解来把握。

第（五）项"暴力、威胁等方式"更侧重紧迫性，如果不采取控制、移交，可能会影响人民武装警察完成任务的，才由人民武装警察进行控制。《中华人民共和国刑法》第三百六十八条规定："以暴力、威胁方法阻碍军人依法执行职务的，处三年以下有期徒刑、拘役、管制或者罚金。故意阻碍武装部队军事行动，造成严重后果的，处五年以下有期徒刑或者拘役。"如果采取其他方式阻碍人民武装警察执行任务，在不紧迫的情况下，可以通知公安机关到场处理。

在本条执行中，需要把握以下几个方面：

第一，人民武装警察对本条规定的"五类行为对象"行使控制权，应当经现场指挥员同意，按照表明身份、实施控制、保护现场和组织移交的程序进行。应当采取文明、高效的方法，控制在公众场所无理取闹、劝导无效的控制对象；果断制服袭击执勤人员的控制对象；及时抓获逃跑的控制对象；加强自身防范，采取科学方法和果断措施将携带爆炸性、易燃性、放射性、毒害性、腐蚀性等危险物品的控制对象进行人物分离、分别控制，必要时由专业人员处理危险物品，同时加强警戒、控制现场、疏散人群；及时组织救治受伤或突发疾病的控制对象；针对老人、孕妇、残障等控制对象的特殊心理生理特点，合理使用控制手段；立足自身力量，最大限度控制现场态势，实施有效控制或等待增援。

第二，人民武装警察行使控制职权时，不得擅自控制本条规定的"五类行为对象"以外的人员；不得擅自采取控制行动；不得打骂、侮辱、体罚控制对象；不得明知是控制对象而不采取措施；不得擅自处置危险物品；严防控制对象脱逃；严防发生不应有的人身伤害等严重后果；严禁迟延移交控制对象；严禁擅自审讯、羁押控制对象；严禁迟延移交控制的危及公共安全的物品和相关证据。

第三，公民、法人和其他组织，应充分尊重人民武装警察控制职权的行使，必要时予以配合和协助。

第四，公安机关及其他有管辖权的机关，依法履行对人民武装警察部队行使对本条规定的"五类行为对象"控制权的指导义务，还负有接受人民武装警察部队移交的"五类行为对象"的法定责任。国家安全机关办理危害国家安全的刑事案件，有责任接受被人民武装警察部队控制的"五类行为对象"中涉嫌危害国家安全的人。人民解放军和人民武装警察部队的保卫部门管辖军人和人民武装警察的刑事犯罪，有责任接受被人民武装警察部队控制的"五类行为对象"中的军人、人民武装警察。

【相关规定】

《中华人民共和国反恐怖主义法》第五十八条；《中华人民共和国国家安全法》第四十二条；《中华人民共和国刑事诉讼法》第三条、第四条、第三百零八条；《中华人民共和国治安管理处罚法》第二条。

第二十一条　人民武装警察部队协助公安机关、国家安全机关和监狱等执行逮捕、追捕任务，根据所协助机关的决定，协助搜查犯罪嫌疑人、被告人、罪犯的人身和住所以及涉嫌藏匿犯罪嫌疑人、被告人、罪犯或者违法物品的场所、交通工具等。

【条文主旨】

本条是关于人民武装警察部队协助逮捕、追捕、搜查职权的规定。

【立法背景】

执行逮捕、追捕、搜查的权力主体一般为公安机关、国家安全机关、监狱等，人民武装警察是协助执行。《中华人民共和国刑事诉讼法》第三条规定："对刑事案件的侦查、拘留、执行逮捕、预审，由公安机关负责。"第四条规定："国家安全机关依照法律规定，办理危害国家安全的刑事案件，行使与公安机关相同的职权。"《中华人民共和国监狱法》第四十二条规定："监狱发现在押罪犯脱逃，应当即时将其抓获，不能即时抓获的，应当立即通知公安机关，由公安机关负责追捕，监狱密切配合。"《中华人民共和国刑事诉讼法》

第一百三十八条规定："进行搜查，必须向被搜查人出示搜查证。在执行逮捕、拘留的时候，遇有紧急情况，不另用搜查证也可以进行搜查。"

一般来讲，武装力量是战争状态下的治理主体，但近年来随着国家安全观念的转变和风险社会的普遍出现，世界各国的军事力量正越来越多地参与到各种社会危机的应对中。在法律层面，《中华人民共和国突发事件应对法》《中华人民共和国防洪法》《中华人民共和国防震减灾法》等一系列法律法规都对军队在不同情况下参与危机治理的职责、协调机制进行了规定；在实践层面，人民解放军和人民武装警察部队广泛参与抗洪抢险、地震救灾、社会重大灾难事故等突发事件的治理。人民武装警察部队不仅参与紧迫性、应急性的社会危机治理，还广泛参与日常执法活动，主要是对公安机关、国家安全机关、司法行政机关的一般性执法活动提供帮助，促成执法目标的实现，具有主体军事性、活动辅助性以及法律调整的专门性特征。

【条文解读】

人民武装警察部队协助逮捕、追捕有两种启动方式，一是由适格主体提出兵力需求，由人民武装警察部队按照规定权限审批后，派出兵力参加任务；二是人民武装警察部队依据与相关单位共同制订并经过审批的预案、方案，在发生突发情况时直接按照职责权限展开行动。

本条中的"协助"，指人民武装警察部队配合有权机关执行任务，而不是进行逮捕、追捕的主体。本条中的"公安机关、国家安全机关和监狱"，是按照法律规定行使逮捕、追捕职权的国家机关。人民武装警察部队必须协助有权机关进行逮捕、追捕，而不能协助某些无权或者越权的机关进行逮捕、追捕。"搜查"职权，必须根据所协助机关的决定进行，且必须在所协助机关有决定权、执法权的人员在场情况下进行。"犯罪嫌疑人"是指被侦查机关立案侦查，或者被检察机关审查起诉的人；"被告人"是指被检察机关公诉，法院尚未判决，或者法院已经宣判而判决未对其生效的人；"罪犯"是指被法院判处刑罚且判决已对其生效的人。

在本条执行中，需要把握以下几个方面：

一是人民武装警察部队协助执行逮捕、追捕任务，行使协助搜查职权的要求。人民武装警察部队在行使搜查职权时，主要担负封锁控制、观察警戒、协助搜寻检查和处置现场突发情况等任务，通常按照告知、控制警戒、实施搜查、保护现场、移交的程序展开。对居民住宅实施搜查不得少于两人，通常由公安民警和人民武装警察共同执行，由公安民警向被搜查人出示搜查证。人民武装警察应当在有效控制搜查对象后，再实施搜查；搜查女性的身体，必须由女工作人员进行；正确处置围观、拦阻、围困等妨碍搜查的行为；协助公安机关、国家安全机关做好宣传劝导工作和疏散工作，必要时协助采取强制措施，隔离、驱散闹事人群，抓捕骨干分子；有效控制查获的犯罪嫌疑人、被告人、罪犯，迅速报告情况并及时移交；及时报告、妥善保管、移交查获的违规、违禁物品或相关证物；及时报告并妥善处置具有毒害性、爆炸性、腐蚀性、放射性或者传染病病原体等危险物质，协助执法机关封控现场，组织人员疏散。

二是人民武装警察部队协助执行逮捕、追捕任务，行使协助搜查职权时的禁止事项。严禁未经批准实施搜查；严禁违反程序和要求实施搜查；严禁擅自扩大或缩小搜查范围和对象；严禁擅自处理相关证据、物品；严禁收受贿赂；严禁私藏或非法占有被搜查对象财务；严禁违反规定程序和要求操作，造成被搜查物品损坏或财产损失；不得侵害被搜查对象的合法权益；严禁搜查过程中疏忽大意，导致被搜查对象脱逃或犯罪证据遗漏、毁损。

三是被搜查人的义务。被搜查人应当充分尊重人民武装警察协助搜查职权的行使，不得拒绝。被合理怀疑隐藏潜逃的罪犯和犯罪嫌疑人的公民、法人和其他组织，有协助人民武装警察执行搜查的义务，应当给予必要的支持和配合。

四是公安机关、国家安全机关和监狱等机构的责任。公安机关、国家安全机关、监狱是执行逮捕、追捕任务的主体，其中，监狱发现在押罪犯脱逃，应当即时将其抓获，不能即时抓获的，应当立即通知公安机关，由公安机关负责追捕，监狱密切配合。公安机关、国家安全机关行使搜查权，需要人民武装警察协助时，应当会同人民武装警察部队制订周密的搜查方案，且对参与协助的人民武装警察部队负有组织指导责任，详细介绍并客观分析搜查对象特点及现实情况。

【相关规定】

《中华人民共和国刑事诉讼法》第三条、第四条、第一百三十八条；《中华人民共和国刑事诉讼法》第一百三十八条；《中华人民共和国监狱法》第四十二条。

第二十二条　人民武装警察执行执勤、处置突发社会安全事件、防范和处置恐怖活动任务使用警械和武器，依照人民警察使用警械和武器的规定以及其他有关法律、法规的规定执行。

【条文主旨】

本条是关于人民武装警察使用警械和武器的规定。

【立法背景】

执行执勤、处置突发社会安全事件、防范和处置恐怖活动任务，有时会遇到相对人对抗，甚至袭击执行任务的人民武装警察，不使用警械不足以制服的情形；有时会遭遇策划周密、手段残忍、穷凶极恶的犯罪分子。如果稍有延误或者疏失，就有可能造成人民群众生命安全和公共安全的损失，这方面的教训是深刻的。对于这些情况，人民武装警察应当当机立断，准确有力运用包括警械、武器在内的各种装备和手段予以处置。

【条文解读】

本条仅规范了人民武装警察在执行执勤、处置突发社会安全事件、防范和处置恐怖活动任务时可以使用警械和武器，但并不排除人民武装警察在执行其他任务时使用警械和武器，其他任务中使用警械和武器依据其他相关法律法规的规定执行。

本条中的"警械"，指人民武装警察按照规定配备的警棍、催泪弹、高压水枪、特种防爆枪、手铐、脚镣、警绳等警用器械；"武器"，指人民武装警察按照规定配备的枪支、弹药等致命性武器。"依照人民警察使用警械和武器的规定"是因为人民武装警察执行执勤、处置突发社会安全事件、防范和处置恐怖活动任务与人民警察执行任务相近、与人民群众关系最直接，依照人民警察使用警械武器有关规定执行，完全可以保障人民武装警察有效履行使命需要，且人民警察使用警械和武器的规定主要是《中华人民共和国人民警察使用警械和武器条例》，属于行政法规，向社会公开，已为公众所熟知。"其他有关法律、法规的规定"，指《中华人民共和国反恐怖主义法》《中华人民共和国监狱法》《中华人民共和国看守所条例》等法律法规，也包括军事法规。

人民武装警察使用警械和武器，应当以制止违法犯罪行为，尽量减少人员伤亡、财产损失为原则。

根据《中华人民共和国人民警察使用警械和武器条例》等法律法规，人民武装警察使用警械和武器，应当正确把握使用的原则、情形和要求：

一是总体要求和原则。人民武装警察使用警械和武器，应当以圆满完成使命任务，制止违法犯罪行为，尽量减少人员伤亡、财产损失为原则；一般应当先使用警械；使用警械不能制止或者不使用武器制止可能发生严重危害后果的，可以使用武器；使用警械和武器前，通常应当命令在场无关人员躲避。

二是使用警械的情形和具体要求。人民武装警察在执行执勤、处置突发社会安全事件、防范和处置恐怖活动任务时，遇到下列情形，经警告无效的，可以使用警棍、催泪弹、高压水枪、特种防暴枪等驱逐性、制服性警械：（一）结伙斗殴、殴打他人、寻衅滋事、侮辱妇女或者进行其他流氓活动的；（二）聚众扰乱车站、码头、民用航空站、运动场等公共场所秩序的；（三）非法举行集会、游行、示威的；（四）强行冲越人民武装警察为履行职责设置的警戒线的；（五）以暴力方法抗拒或者阻碍人民武装警察依法履行职责的；（六）袭击人民武装警察的；（七）危害公共安全、社会秩序和公民人身安全的其他行为，需要当场制止的。

遇有下列情形，经警告无效的，可以使用手铐、脚镣、警绳等约束性警械：（一）抓获违法犯罪分子或者犯罪重大嫌疑人的；（二）协助公安机关执行逮捕、看押、押解、追捕的；（三）遇有违法犯罪分子可能脱逃、行凶、自杀、自伤或者有其他危险行为的。人民武装警察依照上述规定使用警械，不得故意造成人身伤害。

三是使用武器的情形和具体要求。人民武装警察在执行执勤、处置突发社会安全事件、防范和处置恐怖活动任务时，判明有下列暴力犯罪行为的紧急情形之一，经警告无效的，可以使用武器：（一）放火、决水、爆炸等严重危害公共安全的；（二）劫持航空器、船舰、火车、机动车或者驾驶车、船等机动交通工具，故意危害公共安全的；（三）抢夺、抢劫枪支弹药、爆炸、剧毒等危险物品，严重危害公共安全的；（四）使用枪支、爆炸、剧毒等危险物品实施犯罪或者以使用枪支、爆炸、剧毒等危险物品相威胁实施犯罪的；（五）破坏军事、通讯、交通、能源、防险等重要设施，足以对公共安全造成严重、紧迫危险的；（六）实施凶杀、劫持人质等暴力行为，危及公民生命安全的；（七）国家规定的警卫、守卫、警戒的对象和目标受到暴力袭击、破坏或者有受到暴力袭击、破坏的紧迫危险的；（八）结伙抢劫或者持械抢劫公私财物的；（九）聚众械斗、暴乱等严重破坏社会治安秩序，用其他方法不能制止的；（十）以暴力方法抗拒或者阻碍人民武装警察依法履行职责或者暴力袭击人民武装警察，危及人民武装警察生命安全的；（十一）在押人犯、罪犯聚众骚乱、暴乱、行凶或者脱逃的；

（十二）劫夺在押人犯、罪犯的；（十三）实施放火、决水、爆炸、凶杀、抢劫或者其他严重暴力犯罪行为后拒捕、逃跑的；（十四）犯罪分子携带枪支、爆炸、剧毒等危险物品拒捕、逃跑的；（十五）法律、行政法规规定可以使用武器的其他情形。

人民武装警察在看守所执行执勤任务遇到下列情形，采取其他措施不能制止时，可以按照有关规定开枪射击：（一）人犯越狱或者暴动的；（二）人犯脱逃不听制止，或者在追捕中抗拒逮捕的；（三）劫持人犯的；（四）人犯持有管制刀具或者其他危险物，正在行凶或者破坏的；（五）人犯暴力威胁看守人员、人民武装警察的生命安全的。

人民武装警察在监狱执行执勤任务遇到下列情形，非使用武器不能制止的，按照国家有关规定，可以使用武器：（一）罪犯聚众骚乱、暴乱的；（二）罪犯脱逃或者拒捕的；（三）罪犯持有凶器或者其他危险物，正在行凶或者破坏，危害他人生命、财产安全的；（四）劫夺罪犯的；（五）罪犯抢夺武器的。

人民武装警察遇有下列情形之一的，不得使用武器：（一）发现实施犯罪的人为怀孕妇女、儿童的，但是使用枪支、爆炸、剧毒等危险物品实施暴力犯罪的除外；（二）犯罪分子处于群众聚集的场所或者存放大量爆炸性、易燃性、放射性、毒害性、腐蚀性等危险物品的场所的，但是不使用武器予以制止，将发生更为严重危害后果的除外。

人民武装警察遇有下列情形之一的，应当立即停止使用武器：（一）犯罪分子停止实施犯罪，服从人民武装警察命令的；（二）犯罪分子失去继续实施犯罪能力的。

人民武装警察使用武器造成犯罪分子或者无辜人员伤亡的，应当及时抢救受伤人员，保护现场，并立即向上级和公安机关报告。

【相关规定】

《中华人民共和国人民警察使用警械和武器条例》；《中华人民共和国反恐怖主义法》第六十二条；《中华人民共和国监狱法》第四十六条；《中华人民共和国看守所条例》第十八条。

第二十三条　人民武装警察执行任务，遇有妨碍、干扰的，可以采取必要措施排除阻碍、强制实施。

人民武装警察执行任务需要采取措施的，应当严格控制在必要限度内，有多种措施可供选择的，应当选择有利于最大程度地保护个人和组织权益的措施。

【条文主旨】　本条是关于人民武装警察执行任务中的强制措施以及有关措施行使原则的规定。

【立法背景】

人民武装警察部队执行多样化任务，需要公民、法人和其他组织的协助支持，但在实践中，也时常发生个人和社会组织不理解不支持，甚至严重干扰阻挠的现象，尤其是在人民武装警察行使盘问检查、协助逮捕等职权时遇有当事人拒绝、逃避的情况，会严重影响任务完成。为保证人民武装警察部队顺利执行任务，有必要授权人民武装警察部队采取必要措施排除阻碍、强制实施。同时，必须遵循适当、比例的原则，以最大程度地保护个人和组织权益。

【条文解读】

本条第一款赋予人民武装警察可以采取强制措施的权力。人民武装警察执行任务中，公民、法人和其他组织妨碍、干扰行为时有发生，如行使盘问检查、协助逮捕等职权时，可能遇到当事人拒绝、逃避的情况，严重影响任务完成，需要通过采取诸如带离、驱散、控制等必要措施排除阻碍。这项职权必须在人民武装警察"执行任务，遇有妨碍、干扰"时行使。

本条第二款对人民武装警察排除阻碍、强制实施的限度提出了要求，同时也是本法中人民武装警察其他权限措施的行使原则。《中华人民共和国突发事件应对法》中也有类似规定，如第十一条规定："有关人民政府及其部门采取的应对突发事件的措施，应当与突发事件可能造成的社会危害的性质、程度和范围相适应；有多种措施可供选择的，应当选择有利于最大程度地保护公民、法人和其他组织权益的措施。"本条体现了行政法学领域的"行政合理原则"，即行政适当原则、比例原则、禁止过度原则，指行使自由裁量权时，应在全面衡量公益和私益的基础上选择对相对人侵害最小的适当方式进行，不能超过必要限度。行政合理原则是基于自由裁量权的存在和自由裁量行为的实施而产生的。由于自由裁量权和自由裁量行为存在着给相对人造成损害的可能性，必须以行政合理原则限制行政主体的行为，作为对行政合法原则的必要补充。对人民武装警察来说，坚持行政合理原则有明确要求：一是人民武装警察采取措施，应当遵循公平、公正的原则；二是平等对待相对人，不偏私、不歧视；三是行使自由裁量权应当符合法律目的，排除不相干因素干扰，所采取的措施和手段应当必要适当，可以采用多种方式实现排除阻碍、强制实施目的的，应当避免采用损害当事人权益的方式。

【相关规定】

《中华人民共和国突发事件应对法》第十一条。

第二十四条　人民武装警察因执行任务的紧急需要，经出示人民武装警察证件，可以优先乘坐公共交通工具；遇交通阻碍时，优先通行。

【条文主旨】

本条是关于人民武装警察执行任务中优先乘坐权和优先通行权的规定。

【立法背景】

近年来，随着经济社会不断发展，人民武装警察在执行任务时面临的情况日益趋向复杂化和多样化，对人民武装警察快速反应、及时到位、高效处置的要求也越来越高，人民武装警察行使优先乘坐权和优先通行权对确保有效履行职能使命具有现实意义。

【条文解读】

本条中的"紧急需要"是指人民武装警察遇有重大灾情、险情或者暴力恐怖事件等严重威胁公共安全或者公民人身财产安全，协助执行逮捕、追捕、押解任务等急需到达指定地点的情形。

一、关于优先乘坐权

"优先乘坐"是指人民武装警察因执行任务的紧急需要，可以优先于其他一般乘客乘坐公共交通工具，特别是运力不足时在购票、选择班次、车辆、座次等方面享有优先权，来不及购票时可以先登乘再补票。人民武装警察在担负执勤、处置突发社会安全事件、防范和处置恐怖活动、海上维权执法、抢险救援和防卫作战以及中央军委赋予的其他任务中，急需乘坐公共交通工具时，可以行使优先乘坐权。人民武装警察执行任务需要优先乘坐公共交通工具时，应主动与车站、码头、机场取得联系，也可直接与司机、乘务人员联系，出示人民武装警察证件，说明情况，争取给予优先安排。

二、关于优先通行权

"优先通行"是指在道路、航道、航线等拥堵时，搭载人民武装警察的交通工具可以先于同类其他交通工具通行，此处搭载人民武装警察的交通工具，可以是属于人民武装警察部队的军用交通工具，也可以是搭载的民用交通工具。人民武装警察应当主动与沿途地方政府公安机关及交通管理部门取得联系，协调地方交通警察协助部队优先通行；应当向现场执勤的交通警察出示人民武装警察有效证件，由交通警察负责指挥其他车辆和行人避让，疏通道路，优先通行；现场没有交通警察时，经出示人民武装警察证件，适时派出调整哨，指挥其他车辆和行人避让，疏通道路，优先通行；协助交通警察灵活处置不服从指挥、拒不避让、故意堵塞交通的机动车驾驶人或行人，确保部队顺利通过；依法坚决制止、控制以暴力手段阻碍部队依法优先通行的违法犯罪嫌疑人员，并交由公安机关处理。

三、禁止事项

不得违反先示证、后乘坐（通行）的法定程序；不得擅自扣留车辆及驾驶人证件；不得违规使用警笛、警报器等警用装置；不得拦截或阻碍国家规定的警卫对象乘坐的车辆，以及消防、救护等其他特种车辆的正常通行；不得强制冲闯收费站、交通管制区等。

四、义务与责任

人民武装警察优先乘坐交通工具、优先通行时，乘坐和通行权利受到限制的其他同乘、同行者应当给予支持。公安机关的交通管理部门履行道路交通管理职能，负有保障人民武装警察优先通行的责任，应当做好预案准备、线路协调及现场保障工作。车站、码头、机场等交通运输营运单位，依法负有保障人民武装警察优先乘坐、优先通行的责任。

【相关规定】

《中华人民共和国国防法》第五十四条；《中华人民共和国道路交通安全法》第五十三条。

第二十五条 人民武装警察因执行任务的需要，在紧急情况下，经现场指挥员出示人民武装警察证件，可以优先使用或者依法征用个人和组织的设备、设施、场地、建筑物、交通工具以及其他物资、器材，任务完成后应当及时归还或者恢复原状，并按照国家有关规定支付费用；造成损失的，按照国家有关规定给予补偿。

【条文主旨】

本条是关于人民武装警察执行任务中优先使用权和征用权的规定。

【立法背景】

征用是国家因紧急需要，强制征调使用公民或者有关组织财产，事后予以归还或者给予相应补偿的一种制度。本法修订之前，人民武装警察部队行使征用权需要结合防范和处置恐怖活动、戒严、国防动员等具体任务进行，并遵守所对应的《中华人民共和国国防法》《中华人民共和国反恐怖主义法》《中华人民共和国戒严法》《中华人民共和国国防动员法》等法律程序规定，按照"法无授权即禁止"的原则，其他情形则不能行使征用权，难以满足人民武装警察部队履行使命任务的需求。特别是随着《中华人民共和国民法典》的颁布施行，对个人财产的保护更加受到社会关注。此次修订明确赋予人民武装警察部队紧急情况下可依法行使征用的权力，纵向上比修订前的《中华人民共和国人民武装警察法》第十三条关于临时使用权的内涵更加丰富、措施更加有力，横向上与涉及防范和处置恐怖活动、戒严等任务的法律规定衔接，形成了人民武装警察部队紧急情况下行使征用权的规则体系，能够切实提高部队应急保障能力，为圆满完成使命任务提供有效手段。

【条文解读】

一、关于优先使用权和征用权的法律基础

《中华人民共和国宪法》第十三条第三款规定："国家为了公共利益的需要，可以依照法律规定对公民的私有财产实行征收或者征用并给予补偿。"《中华人民共和国民法典》第一百一十七条规定："为了公共利益的需要，依照法律规定的权限和程序征收、征用不动产或者动产的，应当给予公平、合理的补偿。"第二百四十五条规定："因抢险救灾、疫情防控等紧急需要，依照法律规定的权限和程序可以征用组织、个人的不动产或者动产。被征用的不动产或者动产使用后，应当返还被征用人。组织、个人的不动产或者动产被征用或者征用后毁损、灭失的，应当给予补偿。"《中华人民共和国宪法》和《中华人民共和国民法典》的上述规定，为人民武装警察行使优先使用权和征用权奠定了法律基础。在其他法律中，也有类似规定，如《中华人民共和国反恐怖主义法》第七十八条规定："公安机关、国家安全机关、中国人民解放军、中国人民武装警察部队因履行反恐怖主义职责的紧急需要，根据国家有关规定，可以征用单位和个人的财产。任务完成后应当及时归还或者恢复原状，并依照规定支付相应费用；造成损失的，应当补偿。因开展反恐怖主义工作对有关单位和个人的合法权益造成损害的，应当依法给予赔偿、补偿。有关单位和个人有权依法请求赔偿、补偿。"

二、关于优先使用权和征用权的行使条件

优先使用、依法征用会导致集体和个人的所有权受到限制，会使权利人的财产权利受到损害。因此，优先使用和依法征用虽然是被法律许可的合法行为，但必须是为了公共利益目的，即本条规定的"因执行任务需要"。"紧急情况"是人民武装警察执行任务中行使优先使用权和征用权的前置条件，即如果不通过优先使用和征用相关物资场地，可能影响任务圆满完成。"经现场指挥员出示人民武装警察证件"是人民武装警察行使优先使用权和征用权的程序条件。优先使用和依法征用必须按照法律规定的权限和程序进行。凡是违反法律规定的权限和程序进行的都是违法行为，都不发生优先使用和依法征用的法律效果。违法的优先使用和征用给集体或个人财产造成损害的，应当承担赔偿责任。"优先使用"的对象，是指本身就对外提供服务的场地、物资，如向外出租的设备堆场、仓库、交通工具等，人民武装警察使用同样需要按照标准支付费用，只是在紧急情况下享有优先使用权。"依法征用"的对象，是指属于个人的或者非经营性的设备、设施、场地、建筑物、交通工具以及其他物资、器材。"补偿"是对优先使用和征用过程中对场地、物资等造成损失后支付的费用，虽不属于民事领域的损害赔偿，但为了保障场地、物资所有人的合法权益，本条依据《中华人民共和国宪法》《中华人民共和国民法典》等法律规定，规范了这一制度。给予权利人公平、合理的补偿，就是不能因人民武装警察的优先使用、征用行为使权利人受到损失，为此数额应当合情合理。

三、征用权行使的具体要求

（一）严格遵守征用的基本原则。1.应急法治原则。这一原则要求征用主体为保障重大公共利益和相对人根本利益，在应急状态下可以运用紧急权力实施应急处置措施，但权力行使必须受到有效约束，确保符合法治要求。这就要求人民武装警察部队在紧急情况下行使征用权必须遵循程序上与实体上的规定，在圆满完成任务的同时，兼顾被征用人的合法权益。2.越权无效原则。这一原则要求公权力主体必须在法定权限范围内行使，一切超越法定权限的行为无效。与私法领域"法无禁止即自由"的原则相比，公权力需要遵守"法无授权即禁止"的原则。紧急情况下人民武装警察部队行使征用权要严格限制，不得任意扩大征用主体和征用范围。3.程序正当原则。程序是权力行使的步骤、方式、方法、时限和顺序等规程，能够规范权力运行、控制权力滥用，是权力正确运行的保障。人民武装警察部队行使本条规范的征用权，程序要求是必须经现场指挥员出示人民武装警察证件。4.比例原则。紧急情况下人民武装警察部队行使征用权的比例原则主要体现在以下三方面：一是在符合法定条件的前提下，只有通过征用行为才能有效应对危机，圆满完成使命任务；二是具体征用行为的对象、范围、方式必须与紧急情况的种类和等级相适应，避免过度征用；三是征用主体在决定和实施征用行为前应当谨慎地进行利益衡量，需要将征用相对人合法权益的损失降到最低限度，确保征用目标的实现和相对人权益的保障处于适度的比例。

（二）准确把握征用的对象范围。1.非国有财产的"征用"与国有财产的"优先使用"。《中华人民共和国宪法》中的征用条款将征用对象限定为公民的私有财产。《中华人民共和国立法法》对"非国有财产"的征用作了法律保留，并没有规定对国有财产可以征用，因为国有财产本身就属于国家所有，由政府代表国家行使所有权，国有资产管理部门及其他部门行使监管权，由国营企事业单位经营。紧急情况下涉及国有财产的使用，可以采取"优先使用"的手段。2.征用对象的排除范围。通常情况下，维持个人和家庭基本生活需要的必需品，正在作业的救护车、消防车等应急类交通工具，被国家列入文物保护单位予以特殊保护的名胜古迹，我国所缔结、参加的国际条约中明确的免于征用的外国人的在华资产等，不得征用。

（三）坚持正当的征用程序。紧急情况下人民武装警察部队由于执行任务的需要，行使征用权的程序较为简化，在高效履行职责使命的同时，也必须满足最基本的正当程序要求。1.出示证件凭据。本法规定"经现场指挥员出示人民武装警察证件"，可以依法征用。现场指挥员可分为最高指挥员与其他指挥员，征用的决定应当由最高指挥员作出，征用的执行可以由现场的最高指挥员或其他指挥员出示证件依法进行。2. 出具征用文书。统一制作固定格式的征用文书，在出示证件凭据的同时一并出具，情况紧急的，实行口头征用，事后应当及时补正。3. 填写征用清单。注明所征用对象的基本信息，例如设备、设施、交通工具及其他物资、器材的名称、数量、质量等，场地、建筑物的地理位置、范围大小等。4. 告知救济途径和期限。征用时，应当及时告知救济途径与使用期限。5. 解除征用。人民武装警察部队任务执行完毕或者紧急情况消失，以及出现征用期限届满等事由，根据实际情况决定解除征用。

（四）准确把握费用支付和征用补偿。1. 及时归还或恢复原状，并支付相关费用。征用影响了所有权人的使用权益，应当在任务完成后及时归还或恢复原状，虽未造成财产本身的直接损害，但基于利用财产使用价值的事实，应当支付适当费用。2. 造成损失的，依法给予补偿。紧急情况下的依法征用行为本身具有合法性，所以在征用过程中对征用财产造成损失的，应当进行补偿而非赔偿。在具体操作中应当坚持以补偿直接损失为主、补偿间接损失为例外相结合的原则，如果被征用人遭受的间接损失明显高于直接损失，也应当给予适当补偿。

【相关规定】

《中华人民共和国国防法》第五十一条、第五十四条；《中华人民共和国反恐怖主义法》第七十八条；《中华人民共和国戒严法》第十七条；《中华人民共和国国防动员法》第五十五条；《中华人民共和国民法典》第一百一十七条、第二百四十五条。

第二十六条 人民武装警察部队出境执行防范和处置恐怖活动等任务，依照有关法律、法规和中央军事委员会的规定执行。

【条文主旨】

本条是关于人民武装警察部队出境执行防范和处置恐怖活动等其他任务的规定。

【立法背景】

我国面临的恐怖袭击威胁来自于境内和境外两个方面。一方面，我国境内发生的恐怖事件，有的就是境内恐怖活动组织和恐怖活动人员勾结境外恐怖势力策划实施的。另一方面，随着我国经济社会的发展和对外交往的增多，我国在境外的投资规模越来越大，出境旅游、学习、工作和生活的公民也越来越多，我国在境外的公民以及驻外机构、设施、财产同样面临着恐怖袭击的威胁，遭受恐怖袭击殃及和侵害的事件也有所增多。恐怖主义是全人类的共同敌人，对世界和平与发展，对各国国家安全、经济社会发展和公民生命财产安全构成严重威胁。我国历来反对一切形式的恐怖主义，开展反恐怖国际合作，维护国家和公民海外利益、生命财产安全，既是我国反恐怖主义斗争的实际需要，也是我国作为一个负责任大国的国际责任。

【条文解读】

当前国际反恐形势严峻，恐怖组织日益基地化、高科技化、集团化，其武装实力发展迅速，已严重威胁到国家安全和国家战略利益。人民武装警察部队出境执行防范和处置恐怖活动任务，既是维护国家安全和发展利益的迫切需要，也是推动构建人类命运共同体的实际举措。人民武装警察部队出境执行防范和处置恐怖活动任务要具备合法性，做到师出有名。一方面，人民武装警察部队出境防范和处置的恐怖活动，应当符合我国国内法和相关国际法的认定标准，满足本国及东道国人民对于安全的殷切期待，弘扬打击恐怖主义的正义性，维护我国国家主权、安全、发展利益和国际社会和谐稳定。另一方面，人民武装警察部队出境执行相关任务应当有充分的法律依据。在国内法层面，《中华人民共和国国家安全法》第十八条规定，"国家开展国际军事安全合作，实施联合国维和、国际救援、海上护航和维护国家海外利益的军事行动"；《中华人民共和国反恐怖主义法》第七十一条第二款规定，"中国人民解放军、中国人民武装警察部队派员出境执行反恐怖主义任务，由中央军事委员会批准"。在国际法层面，主要包括《反对劫持人质国际公约》《制止恐怖主义爆炸的国际公约》等国际反恐公约，《消除国际恐怖主义措施宣言》《联合国全球反恐战略》等联合国大会宣言与决议，《打击恐怖主义、分裂主义和极端主义上海公约》等区域性反恐国际公约等，以及与东道国达成的共同开展国际合作的协议、协定、备忘录等。

【相关规定】

《中华人民共和国国防法》第二十二条；《中华人民共和国国家安全法》第十八条；《中华人民共和国反恐怖主义法》第七十一条。

第四章　义务和纪律

义务和纪律是正确履行职权的重要保证。本章共5条，主要规定了人民武装警察在执行任务过程中必须遵守的义务和纪律，包括人民武装警察服从义务，危难救助义务，禁止性义务，着装、持证取证和示证义务，遵守社会公德、尊重宗教信仰和民族风俗习惯的义务。

第二十七条　人民武装警察应当服从命令、听从指挥，依法履职尽责，坚决完成任务。

【条文主旨】

本条是关于人民武装警察服从义务的规定。

【立法背景】

服从命令、听从指挥是军事纪律的核心要求，目的在于统一意志，统一行动，最大程度地发挥战斗力；这也是保持部队高度集中统一，保障指挥秩序，圆满完成各项任务的必然要求，是人民武装警察应履行的首要义务。《中华人民共和国国防法》对此也进行了规定，如第五十九条规定："军人必须忠于祖国，忠于中国共产党，履行职责，英勇战斗，不怕牺牲，捍卫祖国的安全、荣誉和利益。"第六十条规定："军人必须模范地遵守宪法和法律，遵守军事法规，执行命令，严守纪律。"

【条文解读】

一、关于服从命令、听从指挥

本条中的"命令"，是指有权机关和领导就具体事项对下级或管辖对象发出的指令，包括口头、书面和信号三种形式。命令具有权威性和强制力，一经下达，必须执行，不得违抗。因此决策者下达命令和执行者执行命令，必须首先遵守法律。《中华人民共和国国防法》等法律把服从命令、听从指挥规定为军人的法定义务，既是将军事纪律法律化，也彰显了该项义务对人民武装警察遂行任务的重要意义。人民武装警察只有自觉、坚决服从命令，一切行动听指挥，才能全面准确贯彻上级意图，提高部队战斗力，确保任务圆满完成。服从命令不能不顾客观实际，如果认为命令有不符合实际情况之处，可以提出建议，但在命令未改变前仍须坚决执行，以确保上级意图得以实现。执行中如果情况发生急剧变化，原命令确实无法继续执行而又来不及或者无法请示报告时，应当根据上级总的意图，以高度负责的精神，积极主动地机断行事，坚决完成任务，事后迅速向上级报告。"不执行命令"在客观上表现为公然违背、抗拒或者消极行动，一般表现为不服从调遣、不执行或者拖延迟缓执行上级部署的任务，上述行为中情节严重的，可能构成战时违抗命令罪、违令作战消极罪，应当依法追究刑事责任。

二、关于依法履职尽责，坚决完成任务

"依法履职尽责，坚决完成任务"是人民武装警察的法定义务。《中国人民解放军内务条令》专章规定了士兵职责、军官职责和主管人员职责，人民武装警察同样适用。每个岗位的人民武装警察都有自己的职责，都必须履职尽责。为了保证人民武装警察履职尽责，《中国人民解放军纪律条令》规定了严格的奖励和处分条件，《中华人民共和国刑法》中也将军人违反职责的行为专门列为一类犯罪，依法追究军人违反职责罪的刑事责任，这些规定对人民武装警察都是适用的。人民武装警察依法履职尽责包含两个层面的内容：一是依法履职，即在任务中行使职权，必须符合法律规定的场合、情形和程序，不得越权；二是依法尽责，即本法规定的任务，人民武装警察部队和人民武

装警察不得拒绝，必须竭尽所能予以完成，如果因故意、过失等原因导致任务未完成的，要承担法律责任。

【相关规定】

《中华人民共和国宪法》第二十九条；《中华人民共和国刑法》第十章；《中华人民共和国国防法》第五十九条、第六十条；《中国人民解放军内务条令》；《中国人民解放军纪律条令》。

第二十八条 人民武装警察遇有公民的人身财产安全受到侵犯或者处于其他危难情形，应当及时救助。

【条文主旨】

本条是关于人民武装警察危难救助义务的规定。

【立法背景】

人民武装警察在公民的人身财产受到侵犯或者处于其他危难情形时及时救助，不仅是践行全心全意为人民服务宗旨的具体体现，也是对中华民族互助互爱、见义勇为、扶危济困优良传统的继承和发扬，更是履行法定义务的必然要求。《中华人民共和国军人地位和权益保障法》第十三条规定："军人是人民子弟兵，应当热爱人民，全心全意为人民服务，保卫人民生命财产安全，当遇到人民群众生命财产受到严重威胁时，挺身而出、积极救助。"

【条文解读】

本条中的"公民的人身财产安全受到侵犯"，是指公民的人身财产权利受到侵袭和损害，或者面临被侵袭损害的紧迫危险，比如遭到抢劫、抢夺、袭击、劫持等。"处于其他危难情形"，是指公民人身财产安全因自然或者其他人为原因面临的危险情形，如坠崖、溺水等。这些危难情形，公民通常难以依靠自身力量克服和解决。人民武装警察遇到公民的人身财产安全受到侵犯或者处于其他危难情形，应当积极主动运用自己所能采取的一切手段向群众提供帮助。这与见义勇为是不同的，见义勇为是公民遇到特殊情形，为了国家、集体利益或者他人人身财产安全，在不负有法定义务的情况下主动进行帮助的行为，属于法律鼓励、但不强制履行的行为。

本条在实际操作中，要注意以下两点：

（一）区分危难救助义务与任务职责，如当人民武装警察在执行抢险救援任务时，在任务区域内遇到人民群众人身财产安全受到侵犯或者处于其他危难情形时，对其进行救助和处置是法定的任务职责；人民武装警察执行其他任务，或者休假外出时，遇到人民群众人身财产安全受到侵犯或者处于其他危难情形时，对其进行救助和处置才属于危难救助义务。进行区分的目的在于，两者在未进行救助后的法律性质和后果是不同的。

（二）人民武装警察履行危难救助义务，必须优先保证正在担负的任务圆满完成，如执行押运任务的人民武装警察，遇到人民群众人身财产安全受到侵犯或者处于其他危难情形时需要进行救助的，必须在确保所押运物资绝对安全的前提下进行救助，不能置正在执行的任务于不顾。如自身力量确有所限，应当选择立即报警、请求支援等方式进行救助。

【相关规定】

《中华人民共和国国防法》第六十一条；《中华人民共和国军

人地位和权益保障法》第十三条；《中华人民共和国人民警察法》第二十一条。

第二十九条　人民武装警察不得有下列行为：

（一）违抗上级决定和命令、行动消极或者临阵脱逃；

（二）违反规定使用警械、武器；

（三）非法剥夺、限制他人人身自由，非法检查、搜查人身、物品、交通工具、住所、场所；

（四）体罚、虐待、殴打监管羁押、控制的对象；

（五）滥用职权、徇私舞弊，擅离职守或者玩忽职守；

（六）包庇、纵容违法犯罪活动；

（七）泄露国家秘密、军事秘密；

（八）其他违法违纪行为。

【条文主旨】

本条是关于人民武装警察禁止性义务的规定。

【立法背景】

禁止性义务是指要求人民武装警察不得实施一定行为的义务，这种义务具有强制性，不得放弃，必须履行，否则要承担相应的责任。人民武装警察部队是国家武装力量的重要组成部分，在维护国家安全和社会稳定中肩负着重要职责。人民武装警察在执行任务时，享有法律规定的一些特定权限，如果不作规范加以严格限制，就很可能被滥用。只有将人民武装警察的禁止性义务规定下来，才能促使其依法履行职务，严格约束行为。一方面，严格规定人民武装警察的禁止性义务，有助于增强人民武装警察的责任感，增强人民武装警察的法律意识，使其自觉遵守法律和各项纪律，防止和纠正各种违反法定义务的行为。另一方面，严格规定人民武装警察的禁止性义务，有助于社会、公民依照法律规定，对人民武装警察的有关行为实行有效的监督，对人民武装警察的违法行为予以制止，保证人民武装警察行为的合法性，促使人民武装警察高效完成任务，认真履行职责。

【条文解读】

本条通过禁止性规范的形式，对人民武装警察不得实施的行为进行规定，这是纪律要求，也是法定义务，必须遵守，不得违反，否则要承担法律责任。

一、关于违抗上级决定和命令、行动消极或者临阵脱逃

《中华人民共和国国防法》第五十九条规定："军人必须忠于祖国，忠于中国共产党，履行职责，英勇战斗，不怕牺牲，捍卫祖国的安全、荣誉和利益。"第六十条规定："军人必须模范地遵守宪法和法律，遵守军事法规，执行命令，严守纪律。"可见，执行命令、英勇战斗、不怕牺牲是人民武装警察的基本义务之一。本条第（一）项中的"上级决定和命令"，是指党中央、中央军委发布的规范性文件和人民武装警察的上级领导、机关发出的要求人民武装警察作出或者禁止作出某种具体行为的指令。"行动消极"，是指在执行任务中的人民武装警察应尽全力而不尽全力，贪生怕死、畏缩不前、消极怠战等行为。"临阵脱逃"，是指人民武装警察在执行任务中或已受领任务、正待命出击的情况下逃离部队的行为。

二、关于违反规定使用警械、武器

根据本法第二十二条规定，当前，人民武装警察使用警械、武器的主要依据是《中华人民共和国人民警察使用警械和武器条例》，该条例详细规定了使用警械和武器的原则及情形、不得使用武器的情形、立即停止使用武器的情形等。此外，《中华人民共和国监狱法》等法律也有相关规定。本条第（二）项中的"违反规定使用警械、武器"，指违反《中华人民共和国人民警察使用警械和武器条例》《中华人民共和国监狱法》等法律法规的相关规定使用警械、武器的行为。

三、关于非法剥夺、限制他人人身自由，非法检查、搜查人身、物品、交通工具、住所、场所

本法第二十条、第二十一条等条文对人民武装警察控制他人人身自由，检查、搜查相关职权作了规定。当人民武装警察超出本法第二十条、第二十一条或其他法律规定的相关权限对他人人身自由进行限制，或者行使检查、搜查职权时，就属于本条第（三）项规定的违法行为。执行任务实践中，人民武装警察部队往往是协助有关机关实施搜查，因此在执行搜查任务时要注意把握以下要求，防止非法搜查行为的发生：（1）非经具有侦查权的人民检察院、公安机关、国家安全机关的决定，不得对他人身体、物品、住所或者场所进行搜查；（2）根据相关机关的决定实施搜查时，必须按照法定的程序进行，防止合法搜查中出现违法行为，如依法搜查公民住宅时没有见证人在场，超越搜查证明确的范围进行搜查等。

四、关于体罚、虐待、殴打监管羁押、控制的对象

对监管羁押、控制的对象，仅限于限制其人身自由，不得通过体

罚、虐待、殴打对其进行人身侵害。出现本条第（四）项所列行为，情节严重或者造成严重后果的，可能构成《中华人民共和国刑法》中的故意伤害罪。

五、关于滥用职权、徇私舞弊，擅离职守或者玩忽职守

"滥用职权"，是指人民武装警察超越职权的范围或者违背法律授权的宗旨、违反程序行使职权，通常表现为擅自处理、决定其他无权处理的事项。"徇私舞弊"，主要是指人民武装警察为了私利，用欺骗或者其他不正当方式进行违法犯罪的行为，包括利用本人职权范围内的权限或者本人职务、地位所形成的便利条件，为自己或者他人牟取利益等。"擅离职守"，主要是指人民武装警察随意离开工作岗位的行为。"玩忽职守"，主要是指人民武装警察严重不负责任、不履行或者不正确履行法定职责，致使国家、集体和人民的利益遭受损失的行为。

六、关于包庇、纵容违法犯罪活动

"包庇违法犯罪活动"，是指人民武装警察对自己所掌握的违法犯罪活动隐瞒不报，甚至有帮助隐瞒或掩盖的行为。"纵容违法犯罪活动"，是指人民武装警察不依法履行职责，明知是违法犯罪行为却对其不加制止、任其发展的行为。人民武装警察部队的重要职能之一就是打击违法犯罪活动，同违法犯罪行为作斗争，包庇、纵容违法犯罪活动严重背离这一职能，应承担相应的法律责任。

七、关于泄露国家秘密、军事秘密

国家秘密和军事秘密关系到国家安全和人民利益，关系到我国社会主义现代化建设。《中华人民共和国宪法》第五十三条规定："中

华人民共和国公民必须遵守宪法和法律，保守国家秘密……"，《中华人民共和国保守国家秘密法》第三条规定："国家秘密受法律保护。一切国家机关、武装力量、政党、社会团体、企业事业单位和公民都有保守国家秘密的义务。任何危害国家秘密安全的行为，都必须受到法律追究。"2020 年 3 月 1 日起施行的《军队保密条例》，细化明确了违反保密纪律行为的处分要求。人民武装警察在工作中，不可避免会接触到国家秘密和军事秘密，必须严格按照法律规定，保守国家秘密、军事秘密。泄露国家秘密、军事秘密的，无论是故意还是过失，都要承担相应责任。

八、关于其他违法违纪行为

本条第（八）项中的"其他违法违纪行为"是关于人民武装警察禁止性义务的兜底性条款，概括了除上述七项以外的其他违法违纪行为。这一规定，一方面是为了适应社会情势的变迁，使一些新情况能通过该概括性条款的适用加以解决；另一方面也概括了其他法律、法规规定的，但本法没有作出规范的违法行为。

【相关规定】

《中华人民共和国宪法》第五十三条；《中华人民共和国国防法》第五十九条、第六十条；《中华人民共和国保守国家秘密法》第三条；《中华人民共和国刑法》第二百三十二条、第二百三十四条、第四百二十一条、第四百二十四条、第四百二十五条、第四百二十七条、第四百二十八条、第四百三十五条、第四百三十六条、第四百三十七条、第四百四十条、第四百四十一条；《中国人民解放军纪律条令》；《中华人民共和国人民警察使用警械和武器条例》；《军队保密条例》。

第三十条　人民武装警察执行任务，应当按照规定着装，持有人民武装警察证件，按照规定使用摄录器材录像取证、出示证件。

【条文主旨】

本条是关于人民武装警察着装、持证、取证和示证义务的规定。

【立法背景】

对人民武装警察执行任务时的着装、持证、取证和示证义务作出特别要求，有如下原因：一是有利于人民武装警察执行任务。人民武装警察担负着国家赋予的重要职责，执行任务往往具有强制性和裁量性的特点，会对公民、法人和其他组织的权利义务产生一定的影响。按照规定着装，持有人民武装警察证件，可以表明执法人员的身份和资格，以证明其行为属于公务行为而不是个人行为，表明执行任务的合法性和正当性，同时也使相对人易于识别，便于配合，以保证人民武装警察更好地履行职责。二是有利于确定行为的效力和责任归属。表明身份、按照规定使用摄录器材录像取证、出示证件，便于确定人民武装警察的行为是否符合依法履职的要求，也便于确定行为产生的效力和承担的责任。三是有利于接受人民群众的监督，人民武装警察按照规定着装，持有人民武装警察证件，按照规定使用摄录器材录像取证、出示证件，对于深入推进依法治军从严治军，树立人民武装警察部队良好形象，密切军民关系，广泛接受人民群众监督具有重要意义。

【条文解读】

一、关于按照规定着装

"按照规定着装"通常是指按照《中国人民解放军内务条令》等

法规、规章以及相关规范性文件的要求着制式服装，佩戴标志服饰。在特殊情况下，根据执行任务需要，也可以按照规定着其他服装。

二、关于持有人民武装警察证件

"人民武装警察证件"，一般是指由制发部门统一印制、发放的证明人民武装警察身份的证件，也指因完成任务需要统一制发的执勤证件和上级、友邻单位发给的通行证、侦察证等证明执行任务人员身份的证件。执行任务的人民武装警察应当随身携带证件，妥善保管和爱护使用证件，严禁转借、复制、伪造、涂改，防止遗失和损坏。

三、关于按照规定使用摄录器材录像取证、出示证件

"按照规定使用摄录器材录像取证、出示证件"是对人民武装警察执行任务的最新要求，"录像取证""出示证件"是社会面执法的普遍要求，也是行政机关执法的基本形式。人民武装警察部队执行任务，也是社会面执法的组成部分，在具备相应条件的情况下，应当按照规定使用摄录器材录像取证、出示证件，正规执法秩序，规范取证程序，确保执法统一，符合现代法治要求。这里出示的"证件"，除了人民武装警察证件，同样包括人民武装警察执行武装警卫、重大活动安全保卫等任务时，由指挥协调机构统一制发的证件等。

【相关规定】

《中华人民共和国国防法》第六十条；《中华人民共和国人民警察法》第二十三条；《中国人民解放军内务条令》。

第三十一条 人民武装警察应当举止文明，礼貌待人，遵守社会公德，尊重公民的宗教信仰和民族风俗习惯。

【条文主旨】

本条是关于人民武装警察遵守社会公德、尊重宗教信仰和民族风俗习惯义务的规定。

【立法背景】

将人民武装警察"遵守社会公德、尊重公民的宗教信仰和民族风俗习惯"上升为法定义务，事关人民武装警察在人民群众心目中的地位，事关人民武装警察部队的声誉。人民武装警察是人民群众利益的维护者，模范遵守社会公德是人民武装警察义不容辞的义务。

【条文解读】

本条中的"社会公德"，是指人类在长期社会生活实践中逐渐积累起来的、在社会公共生活中共同遵守的道德准则。它在国家政治生活、公民社会生活中占据重要地位，对维系正常的公共生活、调整社会成员之间良好的人际关系具有十分重要的作用。人民武装警察履行此项法律义务比一般公民要求更高，应当成为带头遵守社会公德的模范。

本条中的"宗教信仰和民族风俗习惯"，是指一个宗教和民族在其长期历史发展过程中形成的喜好、风俗、习惯和禁忌。由于宗教信仰和民族风俗习惯往往具有族群性，一旦处理不慎，容易引发大面积的连锁效应。尊重人民群众的宗教信仰和民族风俗习惯对于增进理解、减少矛盾、顺利完成任务具有至关重要的作用。这既是人民武装警察应尽的义务，也是人民武装警察部队的优良传统，人民武装警察在执行任务过程中，必须遵守党和国家的宗教和民族政策，充分尊重人民群众的宗教信仰和风俗习惯，特别是少数民族的宗教信仰和风俗习惯，以免引起误解，引发冲突矛盾。

人民武装警察在贯彻落实本条规定时，要把握三个方面的要求：一是要模范遵守基本的道德规范。人民武装警察的言行举止直接反映出人民武装警察的职业道德品质和精神状态，在执行各项任务时，应讲文明、守公德，举止得体、言行规范。二是要带头尊重人民群众的风俗习惯。通过教育引导，使人民武装警察充分认识尊重人民群众风俗习惯是法律规定的基本义务，是维护民族团结的具体体现，是顺利完成任务的重要保证；帮助人民武装警察准确了解任务区域内人民群众的风俗习惯，确保执行任务时心中有数、自觉遵守。三是要模范遵守民族宗教政策和法律法规。人民武装警察部队必须执行好民族宗教政策，完成任务也离不开民族宗教政策的指引，不论是参与处置涉及民族宗教问题的突发事件，还是在民族宗教地区执勤，都必须严格遵守党和国家的民族宗教政策和有关法律法规。

【相关规定】

《中华人民共和国国防法》第六十一条；《中华人民共和国人民警察法》第二十条。

第五章　保障措施

人民武装警察部队执行任务离不开有力的保障措施，制定并落实完善的保障制度，既有利于人民武装警察部队依法高效履行职责使命、巩固和提高战斗力，也有利于维护人民武装警察部队的合法权益。本章共8条，主要规定了情报信息保障，经费保障，执勤设施、生活设施保障，特殊保护和福利补助，专用物品的监制和配备，能力保障，抚恤优待，公民、法人和其他组织的支持协助义务等。

第三十二条　为了保障人民武装警察部队执行任务，中央国家机关、县级以上地方人民政府及其有关部门应当依据职责及时向人民武装警察部队通报下列情报信息：

（一）社会安全信息；

（二）恐怖事件、突发事件的情报信息；

（三）气象、水文、海洋环境、地理空间、灾害预警等信息；

（四）其他与执行任务相关的情报信息。

中央国家机关、县级以上地方人民政府应当与人民武装警察部队建立情报信息共享机制，可以采取联通安全信息网络和情报信息系统以及数据库等方式，提供与执行任务相关的情报信息及数据资源。

人民武装警察部队对获取的相关信息，应当严格保密、依法运用。

【条文主旨】

本条是关于为人民武装警察部队执行任务提供情报信息的规定。

【立法背景】

许多突发事件的发生都是有苗头和征兆的。早发现、早准备、早预警、早处置，大量的突发事件就可能被消除或者控制在萌芽状态，一般事件不至于演变为重大事件。因此，及时掌握相关情报信息，是人民武装警察部队准确、及时进行预测、预警，对任务形势进行提前研判，确保在任务中迅速、妥善应对处置的前提。只有及时、准确地汇集、获取、掌握相关情报信息，人民武装警察部队才能有针对性地采取积极有效的措施预防和应对各类袭击破坏活动，最大限度地减少损失，保护人民群众的生命财产安全。

【条文解读】

及时准确地获取相关情报信息是人民武装警察部队掌握遂行任务主动权的关键。本条聚焦人民武装警察部队任务需要，规定人民武装警察部队应当与国家有关部门建立情报信息共享机制，并对建立情报信息共享机制的方法途径、情报信息种类及其使用等规范进行了详细规定，有利于人民武装警察部队及时获取掌握有关情报信息，同时规定了人民武装警察部队的严格保密和依法运用义务，体现权利与义务的统一。

一、关于中央国家机关、县级以上地方人民政府提供情报信息的法定义务

本条将"中央国家机关、县级以上地方人民政府及其有关部门"作为情报信息的保障主体，主要基于其职能范围和任务特点等因素的考量，如"中央国家机关"对气象、水文、海洋环境、地理空间、灾害预警等信息掌握得比较具体全面；"县级以上地方人民政府"对本行政区域内的社会安全维护负有领导责任，全面掌握着区域内的整体情报信息。"有关部门"一般是指地方政府部门中担负维护社会安全和稳定职能的部门，以及了解掌握人民武装警察部队任务所需情报信息及相关数据的其他部门，如公安、国家安全、司法行政、应急管理、民族宗教、自然资源、交通运输、民政、卫生健康等部门，特别是公安机关、国家安全机关、应急管理部门等是当地人民政府中负责维护社会治安、处置突发事件的主要职能部门，对当地治安环境、刑事案件、突发事件、风土人情等具体信息情况掌握得更准确、更全面、更及时。

"及时"是指对任务相关情报信息的通报应当快捷、迅速，即在最短的时间内以最便捷的方式通报人民武装警察部队，特别是对人民武装警察部队执行任务急需的情报信息，不能延迟通报。

二、关于情报信息保障的具体内容

本条第一款采取列举方式规定了人民武装警察部队在执行任务时所需要的情报信息保障的具体事项，并根据部队任务实际和相关机关的职责明确了边界范围，提高了法律制度的执行力和操作性。其中"社会安全信息"是指对一段时期内社会治安形势的总体分析，刑事及治安案件专项报告，社会突出矛盾、重点人群违法犯罪情况及分析，社会治安管理工作意见和建议等方面的情况。"恐怖事件、突发事件的情报信息"包括恐怖事件、突发事件的隐患分析、预警信息、可能危害程度、应急预案、需要出动的兵力数量等，重点是动乱、暴乱、骚乱、非法聚集事件、群体性事件、恐怖袭击事件发生原因、发展趋势等情况。"气象、水文、海洋环境、地理空间、灾害预警等信息"包括天气形势和水情趋势，海洋动力数据、海洋气象数据和有关地球物理情报信息，地理空间数据以及相关灾害预警等信息。"其他与执行任务相关的情报信息"是本款的兜底性规定，指除上述列举的情报信息外，还包括可能与人民武装警察部队执行任务相关的其他情报信息。

三、关于建立情报信息共享机制

中央国家机关、县级以上地方人民政府掌握的情报信息和建立的数据系统对人民武装警察部队执行任务具有重要支撑作用。如《中华人民共和国突发事件应对法》第三十七条规定，"国务院建立全国统一的突发事件信息系统。县级以上地方各级人民政府应当建立或者确定本地区统一的突发事件信息系统，汇集、储存、分析、传输有关突发事件的信息"。为保障人民武装警察部队迅速、高效遂行各项任务，中央国家机关、县级以上地方人民政府应当与人民武装警察部队建立健全情报信息共享机制。本条规定的"采取联通安全信息网络和情报信息系统以及数据库等方式"是建立情报信息共享机制的具体方式，但不是唯一方式。本款中的"可以采取"，是对情报信息共享机制的具体举例，各级可以根据当地具体情况，探索不同的情报信息共享机制方式，相互共享地区敌社情、治安形势、反恐动态等，实现信息共享、情报互通、资源共用。

四、关于人民武装警察部队情报信息运用的基本要求

本条中的"人民武装警察部队对获取的相关信息，应当严格保密、依法运用"，是现代法治社会环境下保障公民、法人和其他组织信息和隐私的必然要求，体现了人民武装警察权利与义务相统一的原则。具体来说，人民武装警察部队对获取的相关信息，要按照保密制度和保密守则严格管理，根据信息具体内容进行分级分类，在一定时间内只限一定范围的人员知悉，知悉人员要严格保密。

【相关规定】

《中华人民共和国反恐怖主义法》第四十三条；《中华人民共和国突发事件应对法》第三十七条、第四十条、第四十三条。

第三十三条 国家建立与经济社会发展相适应、与人民武装警察部队担负任务和建设发展相协调的经费保障机制。所需经费按照国家有关规定列入预算。

【条文主旨】

本条是关于人民武装警察部队经费保障的规定。

【立法背景】

经费是人民武装警察部队依法履行职责、推进建设发展的重要保障。与《中华人民共和国突发事件应对法》《中华人民共和国人民警察法》《中华人民共和国反恐怖主义法》对相关工作的经费保障问题作出明确规定一样，本条对人民武装警察部队的经费保障作出专门规定，对于人民武装警察部队加快现代化建设、圆满完成使命任务具有重要意义。

【条文解读】

一、建立人民武装警察部队经费保障机制的原则

本条中的"建立与经济社会发展相适应、与人民武装警察部队担负任务和建设发展相协调的经费保障机制"，是指在新的历史条件下，随着国家经济的发展，人民武装警察部队职能任务的调整变化，所需经费保障也要随之调整变化，旨在为人民武装警察部队履行职能使命，加强自身建设提供有效保障。需要把握好三个关系：一是与经济社会发展相适应。在全面深化改革，经济社会高质量发展的大背景下，人民武装警察部队的经费供应要与经济社会发展相一致，既要保证部队基本需求，又不可铺张浪费。二是与人民武装警察部队担负的任务相协调。人民武装警察部队的经费保障应当能够为人民武装警察部队高效完成任务提供有效基本保障。三是与部队建设发展相协调。人民武装警察部队是武装力量的重要组成部分，人民武装警察部队的建设必须按照国防和军队建设的总体要求，聚焦现代化发展目标不断向前推进，与之相适应的经费保障机制要能够为人民武装警察部队的建设发展助力续航。这三者之间是有机统一、相互促进的关系。

二、人民武装警察部队经费保障的主体和来源

国家是人民武装警察部队经费保障的主体。人民武装警察部队是国家武装力量的重要组成部分，其依法遂行任务、行使职权是一种国家行为，目的是为了维护国家安全和社会稳定，保护公民、法人和其他组织的合法权益。

人民武装警察部队经费按照国家有关规定列入预算。按照一般的事权划分原则，根据人民武装警察部队建设和担负任务的具体情况，有些属于中央事权，有些属于地方事权，具体划分和经费保障渠道由国家财政主管部门和军队有关部门作出规定。

国务院《关于推进中央与地方财政事权和支出责任划分改革的指导意见》指出，要"做到支出责任与财政事权相适应"，确立了"谁的财政事权谁承担支出责任"原则，明确"体现国家主权、维护统一市场以及受益范围覆盖全国的基本公共服务由中央负责，地区性基本公共服务由地方负责，跨省（区、市）的基本公共服务由中央和地方共同负责"，同时还明确"逐步将国防、外交、国家安全、出入境管理、国防公路、国界河湖治理、全国性重大传染病防治、全国性大通道、全国性战略性自然资源使用和保护等基本公共服务确定或上划为中央的财政事权"。根据中共中央办公厅、国务院办公厅、中央军委办公厅有关文件精神，人民武装警察部队建设发展等事务，确认为中央财政事权，由中央承担支出责任，所需经费列入中央财政预算；人民武装警察部队执行中央组织的重大勤务、重大活动安全保卫、处置

突发事件（维稳、反恐怖、抢险救灾救援、疫情防控）和海上维权执法等任务，经费由中央财政保障，列入中央财政预算。人民武装警察部队经批准参加地方组织的地方性安全保卫、重大临时勤务、处置突发事件等任务，超出自身保障能力和保障范围或通过调剂现有资源难以解决的场地、设施、部队编制（体制）外专用装备物资器材、伙食、交通、住宿（宿营）等由地方财政保障，所需经费列入地方财政预算，并应当主要以实物形式提供保障。

【相关规定】

《中华人民共和国国防法》第三十九条；《中华人民共和国突发事件应对法》第三十一条；《中华人民共和国人民警察法》第三十七条；《中华人民共和国反恐怖主义法》第七十三条。

第三十四条　执勤目标单位及其上级主管部门应当按照国家有关规定，为担负执勤任务的人民武装警察部队提供执勤设施、生活设施等必要的保障。

【条文主旨】

本条是关于执勤目标单位及其上级主管部门为执勤部队提供执勤设施、生活设施等保障的规定。

【立法背景】

人民武装警察部队担负执勤任务，执勤设施、生活设施是重要物质保障条件。将执勤目标单位及其上级主管部门为担负执勤任务的人民武装警察部队提供执勤设施、生活设施等必要保障上升为法律规定，有利于执勤目标单位及其上级主管部门更好的履行义务，为人民武装警察部队圆满完成任务提供更好保障。

【条文解读】

本条中的"执勤设施"，是指直接用于执勤的建筑、场地、设备和器材，主要包括外围控制系统、照明系统、报警系统、监控系统和指挥通信系统等。"生活设施"，主要是指担负执勤任务的人民武装警察部队生活所需的营房、营具、水暖电器设备、炊饮设备及其配套附属设施等。

本条中的"执勤目标单位及其上级主管部门"直接明确了保障主体，"提供执勤设施、生活设施等必要的保障"直接明确了保障内容。明确这一法定义务，有利于将部队执勤设施和生活设施建设制度化、规范化,有利于提高部队执勤能力,确保执勤目标安全。本条同时以"必要"一词对执勤目标单位提供保障的限度进行了明确。据此，执勤目标单位及其上级主管部门应当为担负任务的人民武装警察部队提供下列执勤设施以及生活保障：提供外围控制、阻截、通信、照明等设施，以及监控、报警等信息系统，并负责维护更新；提供营房、营具、炊事用具、水电冷暖设备，以及训练、文体活动场所，并负责维护更新；提供与执勤目标单位相同标准的伙食差额补助，以及生活必需品的运输等保障；为协助执行逮捕、追捕、押解、押运等任务的执勤部队人员提供交通、生活等保障并按相关规定予以补助；为参与执勤目标单位组织的处置突发事件、重大临时勤务等任务的部队提供必需的保障。

第三十五条　在有毒、粉尘、辐射、噪声等严重污染或者高温、低温、缺氧以及其他恶劣环境下的执勤目标单位执行任务的人民武装警察，享有与执勤目标单位工作人员同等的保护条件和福利补助，由执勤目标单位或者其上级主管部门给予保障。

【条文主旨】

本条是关于在严重污染或恶劣环境下执行任务的人民武装警察特殊保护条件和福利补助的规定。

【立法背景】

对在严重污染或恶劣环境下执行任务的人民武装警察给予特殊保护条件和福利补助有其必要性。一方面，在有毒、粉尘、辐射、噪声等严重污染或者高温、低温、缺氧以及其他恶劣环境下担负执勤任务的人民武装警察承受了更大的生理、心理压力，时刻面临着更为严峻的考验，理应得到物质和经济上的特殊照顾。另一方面，担负执勤任务的人民武装警察与执勤目标单位所属的工作人员都是在为执勤目标单位安全履职尽责，都一样受到严重污染侵害、恶劣环境影响，人民武装警察应当享有与执勤目标单位工作人员同等的保护条件和福利补助，并由执勤目标单位或者上级主管部门给予保障。

人民武装警察执行全军统一的人员生活待遇政策制度标准不能适应和保障这一要求，需要依托执勤目标单位或者上级主管部门提供相应保护条件和福利补助，本条对此作出明确规定，用法律的形式将这一制度固定下来，使执勤目标单位或者上级主管部门为人民武装警察提供保护条件和福利补助有了明确的依据，从而最大限度地维护人民武装警察的身心健康和合法权益，更好地保证执勤目标安全。

【条文解读】

本条中的"严重污染""恶劣环境"是人民武装警察享有与执勤

目标单位工作人员同等的保护条件和福利补助的前置条件。人民武装警察部队对于执勤目标单位给予的保护条件应当充分合理利用，提高在严重污染和恶劣环境条件下的执勤能力，确保执勤人员健康和安全，确保执勤目标安全。"有毒、粉尘、辐射、噪声等严重污染或者高温、低温、缺氧以及其他恶劣环境"的界定，应当以国家有关部门确定的标准和执勤目标单位制定或执行的标准为依据。"保护条件"，主要是指防护严重污染侵害或者恶劣环境影响的装备和器材，如防辐射工作服、防粉尘面具等。"福利补助"，主要是指在有毒、粉尘、辐射、噪声等严重污染或者高温、低温、缺氧以及其他恶劣环境下执勤目标单位工作人员所享有的补贴和优待，如防辐射费等。

第三十六条　人民武装警察部队的专用标志、制式服装、警械装备、证件、印章，按照中央军事委员会有关规定监制和配备。

【条文主旨】

本条是关于人民武装警察部队专用物品监制和配备的规定。

【立法背景】

人民武装警察部队的专用物品在一定程度上代表着人民武装警察的尊严和荣誉，是人民武装警察依法执行任务的物质基础。依法监制和配备相关专用物品，有利于保证人民武装警察执法的严肃性，有利于维护人民群众的监督权，进而提高执法质量。根据《中共中央关于调整中国人民武装警察部队领导指挥体制的决定》，人民武装警察部队由党中央、中央军委集中统一领导。因此，属于建设事项的专用标志、制式服装、警械装备、证件、印章，按照中央军委有关规定监制和配备。

【条文解读】

本条中的"专用标志"，是指为便于社会外界识别，用来表明人民武装警察身份或者用于执行任务的场所、车辆等的外形标记，主要包括人民武装警察部队旗、徽，以及臂章、车牌等。人民武装警察部队旗、徽是人民武装警察部队的重要专用标志。《中华人民共和国国防法》第二十八条规定，"中国人民武装警察部队旗、徽是中国人民武装警察部队的象征和标志"，"公民和组织应当尊重中国人民解放军军旗、军徽和中国人民武装警察部队旗、徽"，"中国人民解放军军旗、军徽和中国人民武装警察部队旗、徽的图案、样式以及使用管理办法由中央军事委员会规定"。

本条中的"制式服装"，是指人民武装警察按照规定穿着的统一样式服装，包括常服、作训服、体能训练服等。非人民武装警察不得穿着人民武装警察制式服装。

本条中的"警械装备"，是指人民武装警察遂行任务中依法使用的警械器具，是依法履行职责的必要条件，一般包括警械、通讯工具、防爆器材、防护器材、安检设备、监控设备等。

本条中的"证件"，是指用来证明人民武装警察身份、执法资格的证书和文件。人民武装警察部队执行任务时需要持有有效证件。

本条中的"印章"，主要是指人民武装警察部队有关单位公章等。

本条中的"按照中央军事委员会有关规定监制和配备"，是指人民武装警察的专用标志、制式服装、警械装备、证件、印章，按照中央军委的有关规定，统一制定装具制式及供应标准，制定各种警械装备型谱标准以及有关具体管理办法等。

【相关规定】

《中华人民共和国国防法》第二十八条。

第三十七条　人民武装警察部队应当根据执行任务的需要，加强对所属人民武装警察的教育和训练，提高依法执行任务的能力。

【条文主旨】

本条是关于人民武装警察能力保障的规定。

【立法背景】

人民武装警察部队必须采取有效措施强化对人民武装警察的教育和训练，切实提高人民武装警察依法执行任务的能力，以适应新的历史条件下人民武装警察部队圆满完成任务的需要。对此，《中华人民共和国国防法》第二十四条也有明确规定："中华人民共和国武装力量建设坚持走中国特色强军之路，坚持政治建军、改革强军、科技强军、人才强军、依法治军，加强军事训练，开展政治工作，提高保障水平，全面推进军事理论、军队组织形态、军事人员和武器装备现代化，构建中国特色现代作战体系，全面提高战斗力，努力实现党在新时代的强军目标。"

【条文解读】

本条中的"教育"主要包括坚持以党的科学理论武装为根本，抓好主题教育、基础教育、经常性思想教育，开展党内教育；开展习近平新时代中国特色社会主义思想和习近平强军思想学习教育，党的路线、方针、政策教育，理想信念教育，军魂教育，军委主席负责制学习教育，我军性质宗旨教育等；开展党中央、中央军委关于备战打仗决策指示的学习教育，马克思主义战争观教育，军队根本职能教育，新时代军队使命任务教育，形势战备教育，战斗精神培育等；开展我党我军光荣传统和优良作风学习教育，党史、新中国史、改革开放史、社会主义发展史、军史教育，党性教育，社会主义核心价值观培育，思想道德和党纪国法教育等，引导官兵投身强军实践、履行人民武装警察部队新时代使命任务。

军事训练是部队经常性中心工作，是生成和提高战斗力的基本途径。在新的历史条件下，人民武装警察部队使命任务更加多样，对人民武装警察执行任务的能力素质提出了更高要求。人民武装警察部队应当着眼遂行各项任务的现实需要，通过多种手段加强军事训练特别是实战化训练，锤炼过硬的军事素质。人民武装警察部队要全面加强党对军事训练工作的领导，鲜明立起新时代军事训练的根本指导，坚持任务牵引训练，坚持依法按纲施训，坚持分类精准指导，构建训练内容实战化、组训方法科学化、考评比武规范化、训练管理精细化、训练保障科技化、军事教育专业化的新型军事训练体系，加快推进军事训练转型，全面提高军事训练实战化水平和打赢能力。

【相关规定】

《中华人民共和国国防法》第二十四条；《中华人民共和国军人地位和权益保障法》第十四条；《中华人民共和国反恐怖主义法》第七十四条。

第三十八条 人民武装警察因执行任务牺牲、伤残的，按照国家有关军人抚恤优待的规定给予抚恤优待。

【条文主旨】

本条是关于对因执行任务牺牲、伤残的人民武装警察抚恤优待的规定。

【立法背景】

人民武装警察享有法律、法规规定的现役军人的权益。因执行任务牺牲、伤残的人民武装警察为维护国家安全和社会稳定、保卫人民美好生活做出了重要的贡献，应当实行特别保障，这是党和国家的一贯政策。抚恤优待是国家、社会和人民群众对优抚对象实行优待、抚恤和抚慰的一项特殊社会保障。全社会应当关怀、尊重抚恤优待对象，开展各种形式的拥军优属活动；国家鼓励社会组织和个人对军人抚恤优待事业提供捐助；国家和社会应当重视和加强军人抚恤优待工作，国务院退役军人事务部门主管国家的军人抚恤优待工作，国家机关、社会团体、企事业单位应当依法履行各自的军人抚恤优待责任和义务。法律法规中关于对执行任务牺牲、伤残的现役军人的抚恤优待规定，同样适用于人民武装警察。这些规定主要集中在《中华人民共和国宪法》《中华人民共和国国防法》《中华人民共和国军人地位和权益保障法》《中华人民共和国退役军人保障法》《中华人民共和国残疾人保障法》《中华人民共和国兵役法》《军人抚恤优待条例》《伤残抚恤管理办法》《烈士褒扬条例》等法律法规中。如《中华人民共和国宪法》第四十五条第二款规定："国家和社会保障残废军人的生活，抚恤烈士家属，优待军人家属。"《中华人民共和国残疾人保障法》第十二条规定："国家和社会对残疾军人、因公致残人员以及其他为维护国家和人民利益致残的人员实行特别保障，给予抚恤和优待。"

《中华人民共和国国防法》第六十五条第一款规定："国家和社会抚恤优待残疾军人，对残疾军人的生活和医疗依法给予特别保障。"第六十六条规定："国家和社会优待军人家属，抚恤优待烈士家属和因公牺牲、病故军人的家属。"《中华人民共和国军人地位和权益保障法》第四十五条第一款规定："国家和社会尊重军人、军人家庭为国防和军队建设做出的奉献和牺牲，优待军人、军人家属，抚恤优待烈士、因公牺牲军人、病故军人的遗属，保障残疾军人的生活。"其中，军人家属，是指军人的配偶、父母（扶养人）、未成年子女、不能独立生活的成年子女；烈士、因公牺牲军人、病故军人的遗属，是指烈士、因公牺牲军人、病故军人的配偶、父母（扶养人）、子女，以及由其承担抚养义务的兄弟姐妹。

【条文解读】

一、关于抚恤

我国优抚工作中的抚恤，包括伤残抚恤和死亡抚恤两类。伤残抚恤是指对按规定取得伤残人员身份的人（包括残疾军人、伤残机关工作人员、伤残人民警察、伤残民兵民工）给予物质照顾，国家发给伤残抚恤金。人民武装警察伤残按照性质区分为因战、因公、因病三种，按照残情区分为十级。伤残性质和等级不同，人员享受的抚恤金待遇标准不同。死亡抚恤是给烈士、牺牲病故军人、死亡的国家机关工作人员遗属发放的抚恤金，死亡抚恤包括一次性抚恤和定期抚恤两种。人民武装警察死亡的，其家属均可享受规定的一次性抚恤金待遇；烈士和因公牺牲、病故人民武装警察遗属按照规定的条件，可享受定期抚恤金。

二、关于优待

优待体现了国家、社会、公民对优抚对象广泛的关怀照顾，主要包括为优待对象发放优待金，以及在医疗、交通、住房、就业、入学、入托、补助、救济、贷款、供应、邮政等方面提供优惠优先待遇。主要包括以下几类：

（一）对烈士遗属的优待。根据《烈士褒扬条例》的规定，烈士遗属享受相应的医疗优惠待遇，具体办法由省、自治区、直辖市人民政府规定。烈士的子女、兄弟姐妹本人自愿，且符合征兵条件的，在同等条件下优先批准其服现役。烈士的子女符合公务员考录条件的，在同等条件下优先录用为公务员。烈士子女接受学前教育和义务教育的，应当按照国家有关规定予以优待；在公办幼儿园接受学前教育的，免交保教费。烈士子女报考高等学校本、专科的，可以按照国家有关规定降低分数要求投档；在公办学校就读的，免交学费、杂费，并享受国家规定的各项助学政策。烈士遗属符合就业条件的，由当地人民政府人力资源社会保障部门优先提供就业服务。烈士遗属已经就业，用人单位经济性裁员时，应当优先留用。烈士遗属从事个体经营的，市场监督管理、税务等部门应当优先办理证照，烈士遗属在经营期间享受国家和当地人民政府规定的优惠政策。符合住房保障条件的烈士遗属承租廉租住房、购买经济适用住房的，县级以上地方人民政府有关部门应当给予优先、优惠照顾。家住农村的烈士遗属住房有困难的，由当地人民政府帮助解决。男年满 60 周岁、女年满 55 周岁的孤老烈士遗属本人自愿的，可以在光荣院、敬老院集中供养。

（二）对残疾人民武装警察的优待。1. 国家对残疾人民武装警察的医疗费用按照规定予以保障，残疾人民武装警察享受医疗优惠待遇。具体办法由省、自治区、直辖市人民政府规定。中央财政对抚恤优待对象人数较多的困难地区给予适当补助，用于帮助解决抚恤优待对象的医疗费用困难问题。2. 在国家机关、社会团体、企事业单位工作的残疾人民武装警察，享受与所在单位工伤人员同等的生活福利和医疗待遇。所在单位不得因其残疾将其辞退、解聘或者解除劳动关系。3. 残疾人民武装警察凭《中华人民共和国残疾军人证》优先购票乘坐境内运行的火车、轮船、长途公共汽车以及民航班机，享受减收正常票价 50% 的优待。残疾人民武装警察凭《中华人民共和国残疾军人证》免费乘坐市内公共汽车、电车和轨道交通工具。残疾人民武装警察凭有效证件参观游览公园、博物馆、名胜古迹享受优待，具体办法由公园、博物馆、名胜古迹管理单位所在地的县级以上地方人民政府规定。4. 残疾人民武装警察、一级至四级残疾人民武装警察的子女报考普通高中、中等职业学校、高等学校，在录取时按照国家有关规定给予优待；接受学历教育的，在同等条件下优先享受国家规定的各项助学政策。5. 残疾人民武装警察承租、购买住房依照有关规定享受优先、优惠待遇。居住农村的抚恤优待对象住房有困难的，由地方人民政府帮助解决，具体办法由省、自治区、直辖市人民政府规定。

（三）对因公牺牲人民武装警察遗属的优待。人民武装警察因公牺牲的，国家向其遗属颁发证书，保障其遗属享受规定的抚恤金和其他待遇。因公牺牲人民武装警察的遗属，符合规定条件申请保障性住房的，或者居住农村且住房困难的，由当地人民政府优先解决；在军队医疗机构和公立医疗机构就医享受医疗优待；当地人民政府应当优先安排就业；符合规定条件申请在国家兴办的光荣院、优抚医院集中供养、住院治疗、短期疗养的，享受优先、优惠待遇；申请到公办养老机构养老的，同等条件下优先安排；享受参观游览公园、博物馆、纪念馆、展览馆、名胜古迹以及文化和旅游等方面的优先、优惠服务；合法权益受到侵害的，有权向有关国家机关和军队单位提出申诉、控告；维护合法权益遇到困难的，法律援助机构应当依法优先提供法律援助，司法机关应当依法优先提供司法救助。因公牺牲人民武装警察的子女，按照当地军人子女教育优待政策享受录取等方面的优待；报考高等学校，按照国家有关规定优先录取。因公牺牲人民武装警察的遗属以及与其随同出行的家属，乘坐境内运行的火车、轮船、长途公共汽车以及民航班机享受优先购票、优先乘车（船、机）等服务。

【相关规定】

《中华人民共和国宪法》第四十五条；《中华人民共和国残疾人保障法》第十二条；《中华人民共和国国防法》第六十五条、第六十六条；《中华人民共和国军人地位和权益保障法》第五章；《烈士褒扬条例》第三章；《军人抚恤优待条例》。

第三十九条　人民武装警察部队依法执行任务，公民、法人和其他组织应当给予必要的支持和协助。

公民、法人和其他组织对人民武装警察部队执行任务给予协助的行为受法律保护。

公民、法人和其他组织因协助人民武装警察部队执行任务牺牲、伤残或者遭受财产损失的，按照国家有关规定给予抚恤优待或者相应补偿。

【条文主旨】

本条是关于公民、法人和其他组织对人民武装警察部队依法执行任务的支持协助义务，以及因协助行为牺牲、伤残或者遭受财产损失的给予抚恤优待和相应补偿的规定。

【立法背景】

《中华人民共和国宪法》第二条明确规定，"中华人民共和国的一切权力属于人民""人民依照法律规定，通过各种途径和形式，管理国家事务，管理经济和文化事业，管理社会事务"。这是我国国家制度的核心内容和根本原则，决定了国家行政管理活动建立在坚实可靠的群众基础之上，必须吸收广大人民参与国家行政管理。无论是从我国人民民主专政的性质，还是从人民武装警察部队担负的任务来看，都离不开人民群众的支持与协助。《中华人民共和国宪法》第五十四条明确规定："中华人民共和国公民有维护祖国的安全、荣誉和利益的义务，不得有危害祖国的安全、荣誉和利益的行为。"为了祖国和自身的利益，自觉支持与协助人民武装警察部队执行任务，同一切危害国家安全、社会稳定和人民生命财产安全的行为作斗争，是每一名公民的光荣义务，也是人民武装警察依法履职的工作基础和重要保证，有必要将其纳入法律明确保护的范围之内，以便充分调动全民参与的积极性和荣誉感。同时，对公民、法人和其他组织因协助行为牺牲、伤残或者遭受财产损失的给予抚恤优待和相应补偿，目的是对积极履行支持协助义务的行为给予法律上的有效保障，为相应的待遇保障政策预留接口，维护公民合法权益，以肯定他们为支持人民武装警察部队执行任务所做的贡献。《中华人民共和国人民警察法》第三十四条有类似规定，分两个层次明确了积极履行支持协助义务的保障措施：一是对人身伤害或死亡给予抚恤，这是宪法赋予公民获得物质帮助权的重要体现；二是对经济损失给予相应补偿，以充分保护公民合法私有财产。

【条文解读】

一、公民、法人和其他组织对人民武装警察部队依法执行任务的支持协助义务

人民武装警察部队遂行多样化任务，关系到国家安全和社会稳定，与公民、法人和其他组织的切身利益息息相关。无论是从维护国家安全和社会稳定大局出发，还是从维护自身利益来考量，公民、法人和其他组织在力所能及的情况下，应当为人民武装警察部队执行任务提供必要的支持和协助，属于法定义务。

本条中的"必要"，是指满足人民武装警察部队执行任务的基本需要。公民、法人和其他组织，虽然不是执行相关任务的主体，但在人民武装警察部队执行任务确实需要时，应提供支持和协助。"支持"，是指主动配合，提供便利条件，如交验身份证，接受物品检查，允许或引导进入有关的区域、场所和单位，积极提供确需查看或者调阅的档案、资料、物品，允许优先使用交通工具、通讯工具、场所和建筑物等。"协助"，是指协同和帮助，如主动向人民武装警察报告发现的违法犯罪行为；在人民武装警察调查犯罪活动行踪的过程中，积极提供线索；追捕罪犯时，如实提供知悉的有关线索，配合抓捕罪犯等。

二、公民、法人和其他组织协助的行为受法律保护

本条第二款"公民、法人和其他组织对人民武装警察部队执行任务给予协助的行为受法律保护"有两层含义：一方面，明确公民、法人和其他组织对人民武装警察部队执行任务给予支持和协助的行为是合法行为，法律给予支持和肯定；另一方面，其他个人和组织不得妨碍、阻挠为人民武装警察部队执行任务给予的支持和协助，不得对提供协助行为的公民、法人和其他组织进行威胁和打击报复。这是对公民、法人和其他组织协助人民武装警察部队执行任务行为的肯定和鼓励。通过本款规定，明确公民、法人和其他组织支持和协助人民武装警察部队执行任务受法律保护，可以有效调动其支持和协助人民武装警察部队执行任务的积极性，有利于在全社会形成良好的执法环境，从而更好地保证人民武装警察部队圆满完成任务。

三、公民、法人和其他组织因协助行为牺牲、伤残或者遭受财产损失的，有权获得抚恤优待或者相应补偿

公民、法人和其他组织因协助人民武装警察部队执行任务牺牲、伤残或者遭受财产损失的，应当得到国家的精神奖励和物质救济，以充分鼓励其积极协助人民武装警察部队执行任务。

"牺牲、伤残"是指公民因协助人民武装警察部队依法执行任务致使牺牲了自己的生命或者自己的身体受到伤害致残。"财产损失"是指公民和组织因协助人民武装警察部队依法执行任务而使自己的合法财产遭到损失。"给予抚恤优待或者相应补偿"是指为了调动和保护人民群众同危害国家安全、破坏社会秩序的违法犯罪行为作斗争，协助人民武装警察部队执行任务的积极性，对牺牲、受伤或者致残的

人员、财产受到损失的公民和组织，按照国家有关规定给予抚恤优待或者相应补偿。

本条中的"国家有关规定"，是指依照《烈士褒扬条例》《伤残抚恤管理办法》等法规，公民、法人和其他组织因协助人民武装警察部队执行任务牺牲、伤残或者遭受财产损失的，可以依照国家、地方有关规定向人民政府有关部门申请获得抚恤优待和补偿，需要人民武装警察部队提供证明的，人民武装警察部队应当如实提供公民、法人和其他组织协助执行任务及因此牺牲、伤残或财产损失的证明。

【相关规定】

《中华人民共和国宪法》第二条、第五十四条；《中华人民共和国人民警察法》第三十四条；《烈士褒扬条例》；《伤残抚恤管理办法》。

第六章　监督检查

健全完善的监督检查制度，有利于及时发现和纠正人民武装警察的违法违纪行为，巩固和提高部队战斗力，提升依法履职能力。本章共3条，主要包括对人民武装警察部队的内部监督检查、外部监督，以及对违法违纪行为查处的规定。

第四十条　人民武装警察部队应当对所属单位和人员执行法律、法规和遵守纪律的情况进行监督检查。

【条文主旨】

本条是关于人民武装警察部队内部监督检查的规定。

【立法背景】

人民武装警察部队执行任务，体现的是国家意志，代表的是国家形象，弘扬的是法治精神。规定本条的主要目的是为了强化人民武装警察部队的自我监督和制约，让权力在阳光下运行，把权力关进制度的笼子。本条规定立足于确保人民武装警察依法行使职权、履行法定义务、严格执法守纪，确保公民、法人和其他组织的合法权益不受侵犯，确保人民武装警察部队圆满完成多样化任务、有效维护国家安全与社会稳定，将实践中行之有效的人民武装警察部队自我监督做法上升为严格的法律规范，有利于防止因权力过于集中而引发的有案不查、以案谋私等问题，充分体现了依法治军、从严治军要求，有利于及时发现和纠正执行任务中的违法违纪行为，不断提高部队依法履职水平，维护威武之师、文明之师的良好形象。

【条文解读】

本条中的"监督"，是指具有监督权的主体依法通过各种监督形式，对人民武装警察执行任务活动、履行职责情况和遵纪守法情况，通过法定方式进行监控约束和督促纠正的行为。

"所属单位"是指人民武装警察部队机关、各总队、各院校和研究院及其所属机构；"所属人员"是指人民武装警察部队的现役警官、警士、义务兵、具有军籍的学员及文职人员等。

"执行法律、法规和遵守纪律的情况"，是对人民武装警察监督检查的具体内容。人民武装警察无论是履行职责还是日常管理，都应当执行法律、法规，遵守纪律。"纪律"，主要是指中央军委颁布的《中国人民解放军纪律条令》等法规，以及中央军委机关部门、人民武装警察部队颁布的有关军事规章和规范性文件。

人民武装警察部队对所属单位和人员负有监督义务。本条规范的监督检查，属于"内部监督检查"。与外部监督检查相比，内部监督检查具有直接性、具体性、广泛性和迅捷性特点。以时机为标准，人民武装警察部队的内部监督检查可以划分为事前监督检查，如对执勤方案、处突方案的审批等；事中监督检查，如组织查勤、纠察军容风纪等；事后监督检查，如对违纪人员进行调查、处分等。以主体为标准，人民武装警察部队的内部监督检查可以划分为本级监督和上级监督，主要通过听取报告、检查、审查、调查等形式进行。

为进一步完善人民武装警察部队内部监督检查机制，认真履行监督检查职责，需要把握以下三个方面要求：（1）健全内部监督体系。在人民武装警察部队内部，通常利用方案审批、考察帮建、检查指导等时机，采取逐级把关、走访调查、座谈了解、专项考核等方法，健全落实上级对下级监督、机关对基层监督的责任机制。（2）强化职能部门监督作用。充分发挥作勤、训练、队管、纪检监察、保卫、法制等部门的监督检查作用，按照机关职责分工，严格对违法案件和违纪违规问题进行调查处理，督导所属单位和人员全面执行法律、法规和规章制度。（3）突出对执行任务全程的监督。任务前严格审批计划方案、任务中严密组织纠察督察、任务后严肃处理违规违纪，确保官兵公正文明执行任务。

【相关规定】

《中国人民解放军纪律条令》。

第四十一条　人民武装警察受中央军事委员会监察委员会、人民武装警察部队各级监察委员会的监督。

人民武装警察执行执勤、处置突发社会安全事件、防范和处置恐怖活动、海上维权执法、抢险救援任务，接受人民政府及其有关部门、公民、法人和其他组织的监督。

【条文主旨】

本条是关于人民武装警察接受监察委员会监督和外部监督的规定。

【立法背景】

着眼与军队监察体制改革相接轨，本条对原法中人民武装警察部队执行任务监督检查的相关制度作出相应调整，把中央军委监察机关和人民武装警察部队监察机关的职能作用突出出来。同时，考虑到人民武装警察部队履行职责采取措施是否适当合法，直接关系和影响到公民的人身和财产权利，参考《中华人民共和国人民警察法》《中华人民共和国监察法》《中华人民共和国海关法》《中华人民共和国道路交通安全法》等法律中有关外部监督检查的规定，将人民政府及其有关部门、公民、法人和其他组织的监督检查作了明确。

【条文解读】

一、关于接受监察委员会的监督

本条第一款中"中央军事委员会监察委员会、人民武装警察部队各级监察委员会的监督"是指人民武装警察执行任务监督体制中的内部监督，是顺应军队监察体制改革实际和人民武装警察部队领导指挥体制调整，设立的专门监督形式。

二、关于外部监督

本条第二款中"人民政府及其有关部门、公民、法人和其他组织的监督"，是指人民武装警察执行任务监督体系中的外部监督。人民武装警察部队作为国家武装力量，履行着一定范围内的社会管理控制职能，执行任务过程中，需要直接面对不特定的社会公众。人民武装警察执行任务的活动，直接关系社会稳定，措施的运用是否适当、是否合法，直接涉及公民的基本权利。本条中的"人民武装警察执行执勤、处置突发社会安全事件、防范和处置恐怖活动、海上维权执法、抢险救援任务"是人民政府及其有关部门、公民、法人和其他组织对人民武装警察进行监督的具体范围。

（一）人民政府及其有关部门的监督。根据本法规定，人民政府及其有关部门发现人民武装警察执行任务中有违法违纪行为的，有权向中央军委监察委员会、人民武装警察部队各级监察委员会进行通报。

（二）公民、法人和其他组织的监督。这是社会监督的主要形式，也是提高人民武装警察部队执法规范化和督促人民武装警察依法履职、树立良好形象的有效途径。人民武装警察执行任务自觉接受公民、法人和其他组织的监督，体现了本法的立法宗旨和原则，维护了人民当家作主、参与国家管理、监督权力运行的基本权利。公民、法人和其他组织发现人民武装警察执行任务中有违法违纪行为的，有权向中央军委监察委员会、人民武装警察部队各级监察委员会检举、控告。

人民政府及其有关部门、公民、法人和其他组织的监督应当在法律规定的范围内进行，主要包括：一是按照法定的渠道反映情况；二是必须实事求是，不得虚构事实、夸大事实，甚至诬告、陷害；三是不得以监督为名，无理干涉、非法干涉人民武装警察执行任务。

【相关规定】

《中华人民共和国人民警察法》第四十四条；《中华人民共和国监察法》第十一条、第五十四条；《中华人民共和国海关法》第八十条；《中华人民共和国道路交通安全法》第八十五条；《军队监察工作条例（试行）》。

第四十二条　中央军事委员会监察委员会、人民武装警察部队各级监察委员会接到公民、法人和其他组织的检举、控告，或者接到县级以上人民政府及其有关部门对人民武装警察违法违纪行为的情况通报后，应当依法及时查处，按照有关规定将处理结果反馈检举人、控告人或者通报县级以上人民政府及其有关部门。

【条文主旨】

本条是关于对人民武装警察违法违纪行为查处的规定。

【立法背景】

没有救济的权利不是真正的权利。本法在规定人民武装警察执行任务中相应职权的同时，理应对作为相对人的社会公民的权利救济途径予以明示，以实现人民武装警察行使职权与公民、法人和其他组织权利救济之间的平衡，确保人民武装警察执行任务达到预期的政治效果、法律效果和社会效果。

【条文解读】

一、关于接受检举、控告和通报的主体

《军队监察工作条例（试行）》规定，军队各级监察委员会是行使监察职能的专责机关，依法履行监督、调查、处置职责。监察委员会在本级党的委员会和上级监察委员会领导下开展监察工作。

二、关于检举、控告以及通报

本条中的"检举、控告"，是指公民、法人或其他组织依照法律、法规等有关规定，以口头或书信、电子邮件、传真、电话、走访等形式，向中央军委监察委员会、人民武装警察部队各级监察委员会陈述人民武装警察的违法违纪事实，反映情况，提出建议、意见或者诉求，并要求依据法律、法规进行公正处理的行为。对此，《军队监察工作条例（试行）》也明确规定，军队各级监察委员会应当畅通信访举报渠道，公布举报方式，接受报案或者举报，并按照规定处理。

本条中的"通报"，是指县级以上人民政府及其有关部门对直接发现的人民武装警察在执行任务中的违法违纪行为，指定职能机构通过适当途径向中央军委监察委员会、人民武装警察部队各级监察委员会进行通报，以便中央军委监察委员会、人民武装警察部队各级监察委员会对通报的情况进行调查，对违法违纪行为的性质作出准确判断和及时处理。需要注意的是，县级以上人民政府及其有关部门接到公民、法人和其他组织对人民武装警察违法违纪行为的检举、控告的，不应当直接受理，而应通过法定渠道通报中央军委监察委员会、人民武装警察部队各级监察委员会进行查处，或者告知相关当事人正确的检举、控告途径。

公民、法人和其他组织的检举、控告，县级以上人民政府及其有关部门的通报，是公民、法人和其他组织以及人民政府及其有关部门行使监督权的基本方式和重要环节，也是中央军委监察委员会、人民武装警察部队各级监察委员会调查、处理人民武装警察违法违纪行为的启动程序之一，有利于及时发现情况和有效保护公民、法人和其他组织的合法权益，有助于规范人民武装警察依法行使职权、履行法定义务。

三、关于及时查处

"及时"是对查处时限的要求，即中央军委监察委员会、人民武装警察部队各级监察委员会接到公民、法人和其他组织的检举、控告，或者接到县级以上人民政府及其有关部门对人民武装警察违法违纪行为的情况通报后，必须按照法律、法规、规章及其他有关规定明确的时限要求，依法查处有关情况，不能延误。《军队监察工作条例（试行）》明确规定，对报案或者实名举报的，应当自接到报案、举报之日起五个工作日内将接收情况告知报案人、举报人，三个月内告知办理进展或者结果。

四、关于监督检查的反馈机制

随着全面依法治国的深入推进，公民、法人和其他组织维护自身合法权益的意识愈发强烈。工作实践中，检举人、控告人对反映问题是否受理、是否查实以及办理进度等问题高度关注，设置反馈通报机制，按照有关规定将处理结果反馈检举人、控告人或者通报县级以上人民政府及其有关部门，可以有效促进中央军委监察委员会和人民武装警察部队各级监察委员会处理社会关切更加及时，纠正问题更加迅速，维护公民、法人和其他组织的利益更加有力。

【相关规定】

《军队监察工作条例（试行）》第四条、第五条、第二十条。

第七章　法律责任

法律责任是法律规范得以实施、得到普遍遵守的重要保障。本章共 4 条，对人民武装警察执行任务中的违法行为，妨碍人民武装警察依法执行任务的行为，以及非法制造、买卖、持有、使用人民武装警察部队专用标志、警械装备、证件、印章的行为，规定了相应的法律责任。

第四十三条　人民武装警察在执行任务中不履行职责，或者有本法第二十九条所列行为之一的，按照中央军事委员会的有关规定给予处分。

【条文主旨】

本条是关于对人民武装警察在执行任务中违法违纪行为给予处分的规定。

【立法背景】

依据《军事立法工作条例》，军队的惩处制度除制定法律作出规定外，由中央军委作出规定。"中央军事委员会的有关规定"是指《中国人民解放军纪律条令》等军事法规和军事规范性文件。根据《中国人民解放军纪律条令》规定，除根据有关法律和本条令规定实施的奖惩项目以及特殊措施外，非经中央军委批准，任何单位不得另立并实施其他奖惩项目以及特殊措施。"有法可依、有法必依、执法必严、违法必究"是社会主义法治的基本要求。本条着眼人民武装警察适应新的领导指挥体制和严格依法履职的需要，结合本法第二十九条规定的禁止性义务，对人民武装警察给予处分的内容，以准用性规定的方式作了进一步明确。

【条文解读】

处分的目的在于严明纪律，教育违纪者和部队强化纪律观念，维护集中统一，巩固和提高战斗力。军事法规制度对给予人民武装警察处分的情形、程序、权限等作出了明确规定。本条规范的"执行任务中不履行职责"和"有本法第二十九条所列行为"两种处分情形，与前文规范的执行任务职责与禁止性义务相呼应。主要有以下几个方面：

（一）人民武装警察违抗上级决定和命令、行动消极或者临阵脱逃的处分。对于本法第二十九条第（一）项所列行为，根据《中国人民解放军纪律条令》明确要根据情节轻重给予不同处分。《中华人民共和国刑法》也明确了战时违抗命令罪、战时临阵脱逃罪、违令作战消极罪等罪名，第四百二十一条规定："战时违抗命令，对作战造成危害的，处三年以上十年以下有期徒刑；致使战斗、战役遭受重大损失的，处十年以上有期徒刑、无期徒刑或者死刑。"第四百二十四条规定："战时临阵脱逃的，处三年以下有期徒刑；情节严重的，处三年以上十年以下有期徒刑；致使战斗、战役遭受重大损失的，处十年以上有期徒刑、无期徒刑或者死刑。"第四百二十八条规定："指挥人员违抗命令，临阵畏缩，作战消极，造成严重后果的，处五年以下有期徒刑；致使战斗、战役遭受重大损失或者有其他特别严重情节的，处五年以上有期徒刑。"

（二）人民武装警察违反规定使用警械、武器的处分。人民武装警察违反规定使用警械、武器，可能面临纪律处分或承担刑事责任。根据《中国人民解放军纪律条令》的规定，人民武装警察存在违反规定使用警械、武器情形时，视情节轻重相应给予警告、严重警告、记过、记大过、降职（级）或者撤职、降衔（级）、除名（只针对义务兵）、开除军籍等处分。人民武装警察违反规定使用警械、武器的情形和因此承担的刑事责任包括：（1）违反规定使用警械武器，情节严重，因而发生责任事故，致人重伤、死亡或者造成其他严重后果的，应依照《中华人民共和国刑法》第四百三十六条的规定，以武器装备肇事罪，处三年以下有期徒刑或者拘役；后果特别严重的，处三年以上七年以下有期徒刑。如果行为人故意杀人或者伤害他人的，则应分别根据《中华人民共和国刑法》第二百三十二条或者第二百三十四条的规定以故意杀人罪或者故意伤害罪对其进行量刑。（2）遗失执勤武器或者携带武器、弹药逃离哨位，根据《中华人民共和国刑法》第四百三十五条和第四百四十一条的规定，可构成逃离部队罪和遗失武器装备罪，甚至构成第一百二十七条的盗窃枪支弹药罪，处以相应刑罚。

（三）人民武装警察在执行任务中，非法剥夺、限制他人人身自由，非法检查、搜查人身、物品、交通工具、住所、场所的，尚不构成犯罪的，依照《中国人民解放军纪律条令》有关规定，根据情节轻重，分别给予警告、严重警告、记过、记大过、降职（级）或者撤职、降衔（级）等处分。

（四）人民武装警察体罚、虐待、殴打监管羁押、控制的对象，尚不构成犯罪的，依照《中国人民解放军纪律条令》有关规定，根据情节轻重，分别给予警告、严重警告、记过、记大过、降职（级）或者撤职、降衔（级）等处分。

（五）人民武装警察滥用职权、徇私舞弊，擅离职守或者玩忽职守，尚不构成犯罪的，依照《中国人民解放军纪律条令》有关规定，根据情节轻重，分别给予警告、严重警告、记过、记大过、降职（级）或者撤职、降衔（级）等处分。

（六）人民武装警察包庇、纵容违法犯罪活动，尚不构成犯罪的，依照《中国人民解放军纪律条令》有关规定，根据情节轻重，分别给予警告、严重警告、记过、记大过、降职（级）或者撤职、降衔（级）等处分。

（七）人民武装警察泄露国家秘密、军事秘密，尚不构成犯罪的，依照《中国人民解放军纪律条令》有关规定，根据情节轻重，分别给予警告、严重警告、记过、记大过、降职（级）或者撤职、降衔（级）等处分。

【相关规定】

《中华人民共和国刑法》第一百二十七条、第四百二十一条、第四百二十四条、第四百二十五条、第四百二十八条、第二百三十二条、第二百三十四条、第四百三十五条、第四百三十六条、第四百四十一条；《中华人民共和国监狱法》第四十六条；《中国人民解放军纪律条令》；《中华人民共和国人民警察使用警械和武器条例》第十六条；《军事立法工作条例》第七条。

第四十四条　妨碍人民武装警察依法执行任务，有下列行为之一的，由公安机关依法给予治安管理处罚：

（一）侮辱、威胁、围堵、拦截、袭击正在执行任务的人民武装警察的；

（二）强行冲闯人民武装警察部队设置的警戒带、警戒区的；

（三）拒绝或者阻碍人民武装警察执行追捕、检查、搜查、救险、警戒等任务的；

（四）阻碍执行任务的人民武装警察部队的交通工具和人员通行的；

（五）其他严重妨碍人民武装警察执行任务的行为。

【条文主旨】

本条是关于对妨碍人民武装警察依法执行任务行为实施治安管理处罚的规定。

【立法背景】

保障人民武装警察依法执行任务、行使职权是每个公民的义务，但实践中也有少数人法治观念淡薄、无视国家法律，以各种方式对人民武装警察执行任务设置障碍，甚至采取暴力、威胁方式进行阻碍、干扰。考虑到本法第三章对人民武装警察执行任务中享有的职权作了明确规定，着眼保障职权有效行使，有必要规范"妨碍执行任务"的情形及其法律责任，以增强法律制度执行力。

【条文解读】

对妨碍人民武装警察依法执行任务的行为给予治安管理处罚，是维护人民武装警察部队执法权威性严肃性、维护人民武装警察合法权益的现实需要和有效手段。妨碍行为的构成主体是公民、法人和其他组织，主观方面必须是故意，构成客体是侵犯了人民武装警察依法执行任务的正常秩序，客观方面是行为人采取某种方式对人民武装警察执行任务进行阻挠与干涉。

"治安管理处罚"，是对扰乱公共秩序、危害公共安全，侵犯人身权利、财产权利，妨碍社会管理，具有社会危害性，尚不够刑事处罚的行为，由公安机关按照《中华人民共和国治安管理处罚法》规定进行的处罚，形式包括警告、罚款、行政拘留、吊销公安机关发放的许可证等。

本条第（一）项中的"侮辱"是指使用暴力或者其他方法，公然贬低他人人格，破坏他人名誉的行为，如辱骂人民武装警察，或撕毁人民武装警察部队专用标志等。"威胁"是指用武力逼迫恫吓使人屈服的行为，如以杀害、伤害、毁坏财产、破坏名誉等方式对执行任务的人民武装警察进行恐吓、要挟等。"围堵"是指从四面包围堵截，使其不与外界沟通，如将执行任务的人民武装警察团团围住，断绝其与外界联系，进行人身强制。"拦截"是指中途阻挡、不让通过。"正在执行任务"强调的是无论从时间还是空间上，人民武装警察都是在进行职权范围内的活动。

本条第（二）项中的"警戒带"是指人民武装警察部队按照规定，用于依法履行职责时在特定场所设置禁止进入范围的专用标志物。"警戒区"是指人民武装警察部队按照规定，在一些特定地方划定一定的区域以限定部分人员出入的地区。"强行冲闯人民武装警察部队设置的警戒带、警戒区的"的行为，应当同时具备两个条件：一是行为人明知人民武装警察部队设置了警戒带、警戒区，禁止无关车辆、行人通行，却不听劝阻、强行通过；二是冲闯的地域是由人民武装警察部队设置的警戒带、警戒区。

本条第（三）项中的"拒绝或者阻碍"是指公然拒绝或者拒不执行，通常采取软磨硬泡、无理纠缠、故意拖延等方法，影响妨碍人民武装警察执行追捕、检查、搜查、救险、警戒等任务。

本条第（四）项中的"阻碍"是指行为人主观故意，明知是执行任务的人民武装警察部队的交通工具和人员通行，依然做出如封锁出入通道，设置车障、火障、人障等障碍物阻拦车辆或人员通行等行为。

本条第（五）项中的"其他行为"是指上述四种行为以外的严重妨碍人民武装警察执行任务的行为。

【相关规定】

《中华人民共和国治安管理处罚法》第十条、第四十二条、第五十条；《中华人民共和国人民警察法》第三十五条。

第四十五条　非法制造、买卖、持有、使用人民武装警察部队专用标志、警械装备、证件、印章的，由公安机关处十五日以下拘留或者警告，可以并处违法所得一倍以上五倍以下的罚款。

【条文主旨】

本条是关于对非法制造、买卖、持有、使用人民武装警察部队专用物品行为进行行政处罚的规定。

【立法背景】

人民武装警察部队的专用标志、警械装备、证件、印章等关系到人民武装警察部队的形象和荣誉，具有严格的专属性，应当受到法律保护。本法第三十六条明确人民武装警察部队的专用物品按照中央军委有关规定监制和配备。着眼与本法第三十六条相衔接，本条设定了具体罚则。

【条文解读】

一、关于处罚机关

本条明确的处罚主体为"公安机关"。当前，公安机关是社会面执法的主要力量，在开展行政处罚过程中，较之其他行政机关更具强制力，且限制人身自由的行政处罚只能由公安机关和法律规定的机关行使，因此，设定公安机关为本条所列违法行为的处罚机关，有利于本条规范更好地执行。

二、关于违法情形

本条规范的违法情形，是"非法制造、买卖、持有、使用人民武装警察部队专用标志、警械装备、证件、印章的"，这是一种选择性违法行为，即非法"制造""买卖""持有""使用"等行为与"专用标志""警械装备""证件""印章"等对象，只要实现任一搭配，就构成本条的违法情形。

三、关于法律责任

本条规定的具体处罚范围为"十五日以下拘留或者警告，可以并处违法所得一倍以上五倍以下的罚款"。对非法制造、买卖、持有、使用人民武装警察部队专用标志、警械装备、证件、印章的个人和组织，本条设置了两项法律责任：一是公安机关根据情节轻重及危害大小，将其非法物品没收，并处十五日以下拘留或者警告的行政处罚；二是在第一项法律责任基础之上，可以同时对违法所得处一倍以上五倍以下的罚款，即根据违法所得收入的数额确定罚款标准。被处罚的人或单位如对决定不服，可以按照有关规定申请复议，或者提起行政诉讼。

【相关规定】

《中华人民共和国行政处罚法》第九条、第十六条；《中华人民共和国治安管理处罚法》第十条、第五十二条。

第四十六条 违反本法规定，构成犯罪的，依法追究刑事责任。

【条文主旨】

本条是关于违反本法行为的刑事法律责任的规定。

【立法背景】

本条中的"构成犯罪的，依法追究刑事责任"，是指对于具有本法规定的行为，达到犯罪构成要件的，应当依据《中华人民共和国刑法》的有关规定追究其刑事责任。

在司法实践中，需要对违反本法的具体案件和《中华人民共和国刑法》相关罪名的构成要件进行综合分析，依法定罪量刑，从而运用法律惩戒手段，保护各种合法权益。但在立法实践中，由于各种条件限制，无法在条文中将所有的违法犯罪行为和相对应的刑事责任一一列举出来，如果只列举代表性罪名，则会导致法律的片面性和不严谨性。为解决立法明确性和法律适应性之间的冲突矛盾，避免出现立法空白，本条通过概括性的语言构建兜底性规定，对犯罪行为和刑事责任进行描述。

【条文解读】

违反本法规定，可能构成犯罪的情形，从主体来看有两种：

1. 对一般主体，违反本法的规定构成犯罪的，主要是危害国防利益罪，可能构成阻碍军人执行职务罪、阻碍军事行动罪等。

2. 对特殊主体，违反本法的规定构成犯罪的，主要是军人违反职责罪，可能构成战时违抗命令罪、战时临阵脱逃罪、违令作战消极罪等。

【相关规定】

《中华人民共和国刑法》第一百零四条、第一百零八条、第一百零九条、第一百一十一条、第一百二十七条、第一百二十八条、第一百二十九条、第二百三十二条、第二百三十四条、第二百三十八条、第二百四十五条、第二百四十八条、第二百五十九条、第二百七十七条、第二百八十一条、第三百一十条、第七章危害国防利益罪、第四百一十七条、第十章军人违反职责罪。

第八章　附　则

附则是法律的辅助性条款。本章共 5 条，分别对人民武装警察部队执行海上维权执法、防卫作战、戒严任务，文职人员执行任务时的职责和权益，以及本法的施行日期进行了规定。

第四十七条　人民武装警察部队执行海上维权执法任务，由法律另行规定。

【条文主旨】

本条是关于人民武装警察部队执行海上维权执法任务的委任性规则。

【立法背景】

2018 年 3 月中共中央印发的《深化党和国家机构改革方案》明确规定，将国家海洋局（中国海警局）领导管理的海警队伍及相关职能全部划归人民武装警察部队。2018 年 6 月 30 日，海警队伍正式转隶，由此，海警总队成为人民武装警察部队的重要组成部分，海上维权执法成为人民武装警察部队担负的重要任务。2021 年 1 月 22 日，第十三届全国人民代表大会常务委员会第二十五次会议审议通过《中华人民共和国海警法》，这是人民武装警察部队特别是海警部队建设发展史上具有里程碑意义的一件大事，充分体现了党中央、中央军委和习主席建设海洋强国、维护海洋权益的战略意图和坚定决心，充分体现了党中央、中央军委和习主席对海警部队的期望重托和关心厚爱，充分体现了党、国家和人民对海警部队依法履职的时代要求，标志着海警部队进入依法履职和全面建设新阶段。

【条文解读】

根据任务实际明确海上维权执法制度，是确保海警队伍转隶人民武装警察部队后圆满完成任务的重要保障，事关国家主权和领土完整，事关人民武装警察部队形象。为避免重复立法和法律冲突，确保本法与《中华人民共和国海警法》衔接互动、相得益彰，海上维权执法任务的具体内容在《中华人民共和国海警法》中予以明确，故本法预留充分接口，仅作委任性规范。

【相关规定】

《中华人民共和国海警法》。

第四十八条　人民武装警察部队执行防卫作战任务，依照中央军事委员会的命令执行。

【条文主旨】

本条是关于人民武装警察部队执行防卫作战任务的规定。

【立法背景】

《中华人民共和国宪法》第二十九条第一款规定："中华人民共和国的武装力量属于人民。它的任务是巩固国防，抵抗侵略，保卫祖国，保卫人民的和平劳动，参加国家建设事业，努力为人民服务。"作为国家武装力量的重要组成部分，人民武装警察部队被党中央、中央军委赋予了防卫作战这一重要职责。根据中央文件明确规定，人民武装警察部队遂行防卫作战任务时，由中央军委或者中央军委授权战区组织指挥。

【条文解读】

中国的社会主义国家性质，走和平发展道路的战略抉择，独立自主的和平外交政策，"和为贵"的中华文化传统，决定了中国始终不渝奉行防御性国防政策。当国家主权和领土完整受到侵犯时，人民武装警察部队根据中央军事委员会的命令执行防卫作战任务。

【相关规定】

《中华人民共和国宪法》第二十九条；《中华人民共和国国防法》第二十条、第二十二条。

第四十九条　人民武装警察部队执行戒严任务，依照《中华人民共和国戒严法》的有关规定执行。

【条文主旨】

本条是关于人民武装警察部队执行戒严任务的规定。

【立法背景】

戒严是一种以紧急状态为前提条件的国家特殊管控措施。在发生严重危及国家的统一、安全或者社会公共安全的动乱、暴乱或者严重骚乱，不采取非常措施不足以维护社会秩序、保护人民的生命和财产安全的紧急状态时，国家可以决定实行戒严。戒严任务由人民警察、人民武装警察执行；必要时，国务院可以向中央军委提出，由中央军委决定派出人民解放军协助执行戒严任务。

【条文解读】

人民武装警察部队执行戒严任务，与执行执勤、处置突发社会安全事件、防范和处置恐怖活动、海上维权执法、抢险救援和防卫作战等任务，在职权行使、义务履行等方面有不同的要求。人民武装警察在执行戒严任务时，《中华人民共和国戒严法》有明确规定的，应当首先严格执行该法的有关规定，没有明确规定的，则执行本法及其他有关法律、法规的规定。

根据《中华人民共和国戒严法》的规定，当人民武装警察执行戒严任务时，属于戒严执勤人员，可以行使下列职权：（一）依照戒严实施机关的规定，有权对戒严地区公共道路上或者其他公共场所内的人员的证件、车辆、物品进行检查。（二）依照戒严实施机关的规定，有权对违反宵禁规定的人员予以扣留，直至清晨宵禁结束；并有权对被扣留者的人身进行搜查，对其携带的物品进行检查。（三）依照戒严实施机关的规定，有权对下列人员立即予以拘留：（1）正在实施危害国家安全、破坏社会秩序的犯罪或者有重大嫌疑的；（2）阻挠或者抗拒戒严执勤人员执行戒严任务的；（3）抗拒交通管制或者宵禁规定的；（4）从事其他抗拒戒严令的活动的。（四）依照戒严实施机关的规定，有权对被拘留的人员的人身进行搜查，有权对犯罪嫌疑分子的住所和涉嫌藏匿犯罪分子、犯罪嫌疑分子或者武器、弹药等危险物品的场所进行搜查。（五）在戒严地区有下列聚众情形之一、阻止无效的，根据有关规定，可以使用警械强行制止或者驱散，并将其组织者和拒不服从的人员强行带离现场或者立即予以拘留：（1）非法进行集会、游行、示威以及其他聚众活动的；（2）非法占据公共场所或者在公共场所煽动进行破坏活动的；（3）冲击国家机关或者其他重要单位、场所的；（4）扰乱交通秩序或者故意堵塞交通的；（5）哄抢或者破坏机关、团体、企业事业组织和公民个人的财产的。（六）在戒严地区遇有下列特别紧急情形之一，使用警械无法制止时，可以使用枪支等武器：（1）公民或者戒严执勤人员的生命安全受到暴力危害时；（2）拘留、逮捕、押解人犯，遇有暴力抗拒、行凶或者脱逃时；（3）遇暴力抢夺武器、弹药时；（4）警卫的重要对象、目标受到暴力袭击，或者有受到暴力袭击的紧迫危险时；（5）在执行消防、抢险、救护作业以及其他重大紧急任务中，受到严重暴力阻挠时；（6）法律、行政法规规定可以使用枪支等武器的其他情形。

【相关规定】

《中华人民共和国戒严法》。

第五十条 人民武装警察部队文职人员在执行本法规定的任务时，依法履行人民武装警察的有关职责和义务，享有相应权益。

【条文主旨】

本条是关于人民武装警察部队文职人员执行任务时的职责和义务、相应权益的规定。

【立法背景】

根据《中华人民共和国国防法》第二十七条规定，"中国人民解放军、中国人民武装警察部队在规定岗位实行文职人员制度"。文职人员，是指在军民通用、非直接参与作战且社会化保障不宜承担的军队编制岗位，从事管理工作和专业技术工作的非现役人员，是军队人员的组成部分。

具有我军特色的新型文职人员制度，是军事人力资源政策制度改革的重大创新成果，是我军力量构成和用人制度的重大探索实践。随着国防和军队编制体制改革的深入推进，人民武装警察部队中文职人员的数量逐步增加，工作领域逐步拓展，在部队全面建设中的地位和作用进一步提升。从维护文职人员切身利益的角度出发，将制度保障上升至法律层面，有利于大力弘扬军人和文职人员相互尊重、团结友爱、公平竞争、一视同仁、平等对待的良好风尚，有助于激发广大文职人员的荣誉感、使命感、归属感，提升社会认知度。

【条文解读】

本法作为人民武装警察部队建设和履行职能的基本法律依据，在对人民武装警察权利义务作出规范的基础上，根据军队文职人员制度改革和部队遂行任务实际需要，对文职人员完成任务的职责和义务、享有权益作出概括性规定。人民武装警察部队文职人员按照授权执行本法规定的执勤、处置突发社会安全事件、防范和处置恐怖活动、海上维权执法、抢险救援等非战争军事行动任务，以及承担相应的防卫作战支援保障任务时，依法履行与人民武装警察同等的有关职权和义务，享有相应的权益。

【相关规定】

《中华人民共和国国防法》第二十七条；《中国人民解放军文职人员条例》。

第五十一条　本法自 2020 年 6 月 21 日起施行。

【条文主旨】

本条是关于本法生效日期的规定。

【立法背景】

法律施行时间，即法律的生效时间，是一部法律的重要组成部分。《中华人民共和国立法法》第五十七条规定："法律应当明确规定施行日期。"一般情况下，法律没有溯及力，法律不溯及既往的原则是各国立法通例。本法也适用这一原则。

法律的施行日期，一般根据该法律的性质和实际需要来确定。我国法律对施行时间的规定主要有以下三种方式：一是法律中明确规定自公布之日起施行。这种方式在我国立法中较多运用，主要适用于法律、法规的修订或者较少涉及公民权利义务的法律、法规的制定。二是法律中明确规定施行日期，法律公布后并不立即生效实施，而是经过一定准备时期后才开始施行。这是近年来我国在制定新法时采取的主要方式。三是法律中明确规定生效的条件，如规定法律公布后先予试行或者暂行，而后由立法部门加以补充完善，再通过成为正式法律。但在试行期间，该法律也具有约束力。

修改后的法律的生效时间一般由修改法律的形式决定。目前，我国立法实践中修改法律的形式主要有以下两种：一是以修订的方式对法律条文进行全面修改，重新公布法律条文以替代原法律文本。二是以修正的方式对法律的部分条文予以修改，并以修改决定的形式公布，具体形式是修改决定之后附修正本，将原法律根据这一决定作相应的修改并重新公布。本法采用的是第一种形式，由于修改的内容多，涉及法律原则、制度的修改，所以重新规定法律施行日期。

【条文解读】

本法于 2020 年 6 月 20 日经第十三届全国人民代表大会常务委员会第十九次会议审议通过，鉴于本法立法调整的事项非常紧迫，需要尽快生效，且修订工作准备充分、群众基础良好，可以不考虑施行准备期，从而作出自公布次日，即于 2020 年 6 月 21 日起施行的规定。

【相关规定】

《中华人民共和国立法法》第五十七条。

第二部分

法律文本及立法文件

中华人民共和国主席令

第四十八号

《中华人民共和国人民武装警察法》已由中华人民共和国第十三届全国人民代表大会常务委员会第十九次会议于 2020 年 6 月 20 日修订通过，现予公布，自 2020 年 6 月 21 日起施行。

中华人民共和国主席　习近平

2020 年 6 月 20 日

中华人民共和国人民武装警察法

（2009 年 8 月 27 日第十一届全国人民代表大会常务委员会第十次会议通过 2020 年 6 月 20 日第十三届全国人民代表大会常务委员会第十九次会议修订）

目 录

第一章　总　则

第一条　为了规范和保障人民武装警察部队履行职责，建设强大的现代化人民武装警察部队，维护国家安全和社会稳定，保护公民、法人和其他组织的合法权益，制定本法。

第二条　人民武装警察部队是中华人民共和国武装力量的重要组成部分，由党中央、中央军事委员会集中统一领导。

第三条　人民武装警察部队坚持中国共产党的绝对领导，贯彻习近平强军思想，贯彻新时代军事战略方针，按照多能一体、维稳维权的战略要求，加强练兵备战、坚持依法从严、加快建设发展，有效履行职责。

第四条　人民武装警察部队担负执勤、处置突发社会安全事件、防范和处置恐怖活动、海上维权执法、抢险救援和防卫作战以及中央军事委员会赋予的其他任务。

第五条　人民武装警察部队应当遵守宪法和法律，忠于职守，依照本法和其他法律的有关规定履行职责。

人民武装警察部队依法履行职责的行为受法律保护。

第六条　对在执行任务中做出突出贡献的人民武装警察，依照有关法律和中央军事委员会的规定给予表彰和奖励。

对协助人民武装警察执行任务有突出贡献的个人和组织，依照有关法律、法规的规定给予表彰和奖励。

第七条　人民武装警察部队实行衔级制度，衔级制度的具体内容由法律另行规定。

第八条　人民武装警察享有法律、法规规定的现役军人的权益。

第二章　组织和指挥

第九条　人民武装警察部队由内卫部队、机动部队、海警部队和院校、研究机构等组成。

内卫部队按照行政区划编设，机动部队按照任务编设，海警部队在沿海地区按照行政区划和任务区域编设。具体编设由中央军事委员会确定。

第十条　人民武装警察部队平时执行任务，由中央军事委员会或者中央军事委员会授权人民武装警察部队组织指挥。

人民武装警察部队平时与人民解放军共同参加抢险救援、维稳处突、联合训练演习等非战争军事行动，由中央军事委员会授权战区指挥。

人民武装警察部队战时执行任务，由中央军事委员会或者中央军事委员会授权战区组织指挥。

组织指挥具体办法由中央军事委员会规定。

第十一条　中央国家机关、县级以上地方人民政府应当与人民武装警察部队建立任务需求和工作协调机制。

中央国家机关、县级以上地方人民政府因重大活动安全保卫、处置突发社会安全事件、防范和处置恐怖活动、抢险救援等需要人民武装警察部队协助的，应当按照国家有关规定提出需求。

执勤目标单位可以向负责执勤任务的人民武装警察部队提出需求。

第十二条 调动人民武装警察部队执行任务，坚持依法用兵、严格审批的原则，按照指挥关系、职责权限和运行机制组织实施。批准权限和程序由中央军事委员会规定。

遇有重大灾情、险情或者暴力恐怖事件等严重威胁公共安全或者公民人身财产安全的紧急情况，人民武装警察部队应当依照中央军事委员会有关规定采取行动并同时报告。

第十三条 人民武装警察部队根据执行任务需要，参加中央国家机关、县级以上地方人民政府设立的指挥机构，在指挥机构领导下，依照中央军事委员会有关规定实施组织指挥。

第十四条 中央国家机关、县级以上地方人民政府对人民武装警察部队执勤、处置突发社会安全事件、防范和处置恐怖活动、抢险救援工作进行业务指导。

人民武装警察部队执行武装警卫、武装守卫、武装守护、武装警戒、押解、押运等任务，执勤目标单位可以对在本单位担负执勤任务的人民武装警察部队进行执勤业务指导。

第三章 任务和权限

第十五条 人民武装警察部队主要担负下列执勤任务：

（一）警卫对象、重要警卫目标的武装警卫；

（二）重大活动的安全保卫；

（三）重要的公共设施、核设施、企业、仓库、水源地、水利工程、电力设施、通信枢纽等目标的核心要害部位的武装守卫；

（四）重要的桥梁和隧道的武装守护；

（五）监狱、看守所等场所的外围武装警戒；

（六）直辖市，省、自治区人民政府所在地的市和其他重要城市（镇）的重点区域、特殊时期以及特定内陆边界的武装巡逻；

（七）协助公安机关、国家安全机关依法执行逮捕、追捕任务，协助监狱、看守所等执勤目标单位执行押解、追捕任务，协助中国人民银行、国防军工单位等执勤目标单位执行押运任务。

前款规定的执勤任务的具体范围，依照国家有关规定执行。

第十六条　人民武装警察部队参与处置动乱、暴乱、骚乱、非法聚集事件、群体性事件等突发事件，主要担负下列任务：

（一）保卫重要目标安全；

（二）封锁、控制有关场所和道路；

（三）实施隔离、疏导、带离、驱散行动，制止违法犯罪行为；

（四）营救和救护受困人员；

（五）武装巡逻，协助开展群众工作，恢复社会秩序。

第十七条　人民武装警察部队参与防范和处置恐怖活动，主要担负下列任务：

（一）实施恐怖事件现场控制、救援、救护，以及武装巡逻、重点目标警戒；

（二）协助公安机关逮捕、追捕恐怖活动人员；

（三）营救人质、排除爆炸物；

（四）参与处置劫持航空器等交通工具事件。

第十八条　人民武装警察部队参与自然灾害、事故灾难、公共卫生事件等突发事件的抢险救援，主要担负下列任务：

（一）参与搜寻、营救、转移或者疏散受困人员；

（二）参与危险区域、危险场所和警戒区的外围警戒；

（三）参与排除、控制灾情和险情，防范次生和衍生灾害；

（四）参与核生化救援、医疗救护、疫情防控、交通设施抢修抢建等专业抢险；

（五）参与抢救、运送、转移重要物资。

第十九条　人民武装警察执行任务时，可以依法采取下列措施：

（一）对进出警戒区域、通过警戒哨卡的人员、物品、交通工具等按照规定进行检查；对不允许进出、通过的，予以阻止；对强行进出、通过的，采取必要措施予以制止；

（二）在武装巡逻中，经现场指挥员同意并出示人民武装警察证件，对有违法犯罪嫌疑的人员当场进行盘问并查验其证件，对可疑物品和交通工具进行检查；

（三）协助执行交通管制或者现场管制；

（四）对聚众扰乱社会治安秩序、危及公民人身财产安全、危害公共安全或者执勤目标安全的，采取必要措施予以制止、带离、驱散；

（五）根据执行任务的需要，向相关单位和人员了解有关情况或者在现场以及与执行任务相关的场所实施必要的侦察。

第二十条　人民武装警察执行任务时，发现有下列情形的人员，经现场指挥员同意，应当及时予以控制并移交公安机关、国家安全机关或者其他有管辖权的机关处理：

（一）正在实施犯罪的；

（二）通缉在案的；

（三）违法携带危及公共安全物品的；

（四）正在实施危害执勤目标安全行为的；

（五）以暴力、威胁等方式阻碍人民武装警察执行任务的。

第二十一条　人民武装警察部队协助公安机关、国家安全机关和监狱等执行逮捕、追捕任务，根据所协助机关的决定，协助搜查犯罪嫌疑人、被告人、罪犯的人身和住所以及涉嫌藏匿犯罪嫌疑人、被告人、罪犯或者违法物品的场所、交通工具等。

第二十二条　人民武装警察执行执勤、处置突发社会安全事件、防范和处置恐怖活动任务使用警械和武器，依照人民警察使用警械和武器的规定以及其他有关法律、法规的规定执行。

第二十三条　人民武装警察执行任务，遇有妨碍、干扰的，可以采取必要措施排除阻碍、强制实施。

人民武装警察执行任务需要采取措施的，应当严格控制在必要限度内，有多种措施可供选择的，应当选择有利于最大程度地保护个人和组织权益的措施。

第二十四条　人民武装警察因执行任务的紧急需要，经出示人民武装警察证件，可以优先乘坐公共交通工具；遇交通阻碍时，优先通行。

第二十五条　人民武装警察因执行任务的需要，在紧急情况下，经现场指挥员出示人民武装警察证件，可以优先使用或者依法征用个人和组织的设备、设施、场地、建筑物、交通工具以及其他物资、器材，任务完成后应当及时归还或者恢复原状，并按照国家有关规定支付费用；造成损失的，按照国家有关规定给予补偿。

第二十六条　人民武装警察部队出境执行防范和处置恐怖活动等任务，依照有关法律、法规和中央军事委员会的规定执行。

第四章　义务和纪律

第二十七条　人民武装警察应当服从命令、听从指挥，依法履职尽责，坚决完成任务。

第二十八条　人民武装警察遇有公民的人身财产安全受到侵犯或者处于其他危难情形，应当及时救助。

第二十九条　人民武装警察不得有下列行为：

（一）违抗上级决定和命令、行动消极或者临阵脱逃；

（二）违反规定使用警械、武器；

（三）非法剥夺、限制他人人身自由，非法检查、搜查人身、物品、交通工具、住所、场所；

（四）体罚、虐待、殴打监管羁押、控制的对象；

（五）滥用职权、徇私舞弊，擅离职守或者玩忽职守；

（六）包庇、纵容违法犯罪活动；

（七）泄露国家秘密、军事秘密；

（八）其他违法违纪行为。

第三十条　人民武装警察执行任务，应当按照规定着装，持有人民武装警察证件，按照规定使用摄录器材录像取证、出示证件。

第三十一条　人民武装警察应当举止文明，礼貌待人，遵守社会公德，尊重公民的宗教信仰和民族风俗习惯。

第五章　保障措施

第三十二条　为了保障人民武装警察部队执行任务，中央国家机关、县级以上地方人民政府及其有关部门应当依据职责及时向人民武装警察部队通报下列情报信息：

（一）社会安全信息；

（二）恐怖事件、突发事件的情报信息；

（三）气象、水文、海洋环境、地理空间、灾害预警等信息；

（四）其他与执行任务相关的情报信息。

中央国家机关、县级以上地方人民政府应当与人民武装警察部队建立情报信息共享机制，可以采取联通安全信息网络和情报信息系统以及数据库等方式，提供与执行任务相关的情报信息及数据资源。

人民武装警察部队对获取的相关信息，应当严格保密、依法运用。

第三十三条　国家建立与经济社会发展相适应、与人民武装警察部队担负任务和建设发展相协调的经费保障机制。所需经费按照国家有关规定列入预算。

第三十四条　执勤目标单位及其上级主管部门应当按照国家有关规定，为担负执勤任务的人民武装警察部队提供执勤设施、生活设施等必要的保障。

第三十五条　在有毒、粉尘、辐射、噪声等严重污染或者高温、低温、缺氧以及其他恶劣环境下的执勤目标单位执行任务的人民武装警察，享有与执勤目标单位工作人员同等的保护条件和福利补助，由执勤目标单位或者其上级主管部门给予保障。

第三十六条　人民武装警察部队的专用标志、制式服装、警械装备、证件、印章，按照中央军事委员会有关规定监制和配备。

第三十七条　人民武装警察部队应当根据执行任务的需要，加强对所属人民武装警察的教育和训练，提高依法执行任务的能力。

第三十八条　人民武装警察因执行任务牺牲、伤残的，按照国家有关军人抚恤优待的规定给予抚恤优待。

第三十九条　人民武装警察部队依法执行任务，公民、法人和其他组织应当给予必要的支持和协助。

公民、法人和其他组织对人民武装警察部队执行任务给予协助的行为受法律保护。

公民、法人和其他组织因协助人民武装警察部队执行任务牺牲、伤残或者遭受财产损失的，按照国家有关规定给予抚恤优待或者相应补偿。

第六章　监督检查

第四十条　人民武装警察部队应当对所属单位和人员执行法律、法规和遵守纪律的情况进行监督检查。

第四十一条　人民武装警察受中央军事委员会监察委员会、人民武装警察部队各级监察委员会的监督。

人民武装警察执行执勤、处置突发社会安全事件、防范和处置恐怖活动、海上维权执法、抢险救援任务，接受人民政府及其有关部门、公民、法人和其他组织的监督。

第四十二条　中央军事委员会监察委员会、人民武装警察部队各级监察委员会接到公民、法人和其他组织的检举、控告，或者接到县级以上人民政府及其有关部门对人民武装警察违法违纪行为的情况通报后，应当依法及时查处，按照有关规定将处理结果反馈检举人、控告人或者通报县级以上人民政府及其有关部门。

第七章　法律责任

第四十三条　人民武装警察在执行任务中不履行职责，或者有本法第二十九条所列行为之一的，按照中央军事委员会的有关规定给予处分。

第四十四条　妨碍人民武装警察依法执行任务，有下列行为之一的，由公安机关依法给予治安管理处罚：

（一）侮辱、威胁、围堵、拦截、袭击正在执行任务的人民武装警察的；

（二）强行冲闯人民武装警察部队设置的警戒带、警戒区的；

（三）拒绝或者阻碍人民武装警察执行追捕、检查、搜查、救险、警戒等任务的；

（四）阻碍执行任务的人民武装警察部队的交通工具和人员通行的；

（五）其他严重妨碍人民武装警察执行任务的行为。

第四十五条　非法制造、买卖、持有、使用人民武装警察部队专用标志、警械装备、证件、印章的，由公安机关处十五日以下拘留或者警告，可以并处违法所得一倍以上五倍以下的罚款。

第四十六条 违反本法规定，构成犯罪的，依法追究刑事责任。

第八章 附 则

第四十七条 人民武装警察部队执行海上维权执法任务，由法律另行规定。

第四十八条 人民武装警察部队执行防卫作战任务，依照中央军事委员会的命令执行。

第四十九条 人民武装警察部队执行戒严任务，依照《中华人民共和国戒严法》的有关规定执行。

第五十条 人民武装警察部队文职人员在执行本法规定的任务时，依法履行人民武装警察的有关职责和义务，享有相应权益。

第五十一条 本法自 2020 年 6 月 21 日起施行。

关于《中华人民共和国人民武装警察法（修订草案）》的说明

——2020 年 4 月 26 日在第十三届全国人民代表大会常务委员会第十七次会议上

中国人民武装警察部队司令员 王 宁

全国人民代表大会常务委员会：

我受中央军委委托，现就《中华人民共和国人民武装警察法（修订草案）》作说明。

一、修订《人民武装警察法》的必要性

现行《人民武装警察法》，自 2009 年 8 月 27 日颁布实施以来，为维护国家安全和社会稳定，保卫人民美好生活发挥了重要作用，也为武警部队依法履职和全面建设提供了重要法律依据。随着国防和军队改革不断深化推进，现行《人民武装警察法》已不能适应形势的发展，需要重新修订完善。一是深入贯彻习近平强军思想。习主席就武警部队建设发展作出了一系列重要指示，亲自向武警部队授旗并致训词，为武警部队履行使命任务赋予了新的时代内涵，为建设强大的现代化人民武装警察部队指明了方向，是指导武警部队建设发展的魂和纲，将这些重要论述以法律的形式确定下来是时代所需。二是确保党中央、中央军委对武警部队集中统一领导。调整武警部队领导指挥体制是党中央作出的重大政治决定，是完善和发展中国特色社会主义军事制度的重大举措，是推进国家治理体系和治理能力现代化的重要组成部分，是确保实现党和国家长治久安的重大政治设计和制度安排。因此，有必要以法的权威性、稳定性、强制性保障新的领导指挥体制顺畅运行，确保党对武警部队的绝对领导，确保武警部队坚决听从党中央、中央军委和习主席指挥。三是加快推进武警部队建设发展、有效履行职责使命。充分发挥法治对部队建设、遂行任务的推动和保障作用，通过修法形成基本制度、固化改革成果，充分释放改革效能，为推进武警部队现代化建设提供动力引擎，为确保武警部队有效履行新时代使命任务提供有力支撑。

《全国人民代表大会常务委员会关于中国人民武装警察部队改革期间暂时调整适用相关法律规定的决定》明确，"改革措施成熟后，及时修改完善有关法律"；十三届全国人大常委会立法规划和中央军委政策制度改革计划，对修订《人民武装警察法》均作出了部署。据此，武警部队成立工作专班，深入调研论证，反复研究修改，广泛征求中央和国家机关有关部门、军委机关有关部门和各大单位意见，最大限度地凝聚共识、汇聚智慧，起草形成了修订草案，军委改革和编制办公室组织了审修评估，军委法制局作了立法审查，草案已经中央军委常务会议审议通过。

二、修订《人民武装警察法》的指导思想和基本思路

修订《人民武装警察法》，坚持以习近平新时代中国特色社会主义思想为指导，深入贯彻习近平强军思想，深入贯彻新时代军事战略方针，聚焦使命任务，坚持问题导向，全面体现改革成果，紧密结合武警部队实际，围绕任务更加明确、职权更加清晰、关系更加顺畅、保障更加有力、监督更加严格的立法主旨，着力使新修订的《人民武装警察法》符合时代要求，为建设强大的现代化人民武装警察部队、有效履行职责使命提供坚强法律保障和制度支撑。按照以上指导思想，《人民武装警察法》修订工作遵循以下思路和原则：一是坚持政治引领，始终以党中央、中央军委和习主席决策指示引领立法设计；二是突出改革导向，将实践证明已经成熟的改革成果固化上升为法律；三是注重体系设计，着眼武警部队有效履行使命任务和加快推进现代化建设，全面设置相应制度；四是坚持依法推进，贯彻依法立法要求，注重与现行法律法规保持一致。

三、《人民武装警察法》修订的主要内容

现行《人民武装警察法》共7章38条，此次修订主要是增加了"组织和指挥"一章，将"任务和职责"一章调整为"任务"和"职权"两章，修改32条、保留4条、删除2条、新增14条，修订后草案共设9章50条。

（一）关于领导体制。根据党中央决定，武警部队领导体制由"国务院、中央军事委员会领导，实行统一领导与分级指挥相结合的体制"调整为由"党中央、中央军事委员会集中统一领导"。按照这一核心要求，统揽相关制度设置，重塑原则和规则体系，确保制度设置与改

革决策相一致。草案总则部分，重点明确了武警部队的性质和领导体制、建设发展的基本原则等。

（二）关于使命任务。习主席在对武警部队授旗训词时指出："武警部队是党领导的人民武装力量的重要组成部分，在维护国家安全和社会稳定、保卫人民美好生活中肩负着重大职责，在维护政治安全特别是政权安全、制度安全中具有重要作用"。这是对武警部队性质宗旨和使命任务的高度概括，也是对武警部队在国家治理体系中地位作用的准确定位。随着深化国防和军队改革向纵深推进，武警部队的使命任务不断拓展，呈现出由陆上向海上、由维稳向维权延伸的特点。准确界定武警部队任务范围、职责权限、法律责任，以及在执行任务中与有关中央和国家机关、公民、组织之间的关系，成为这次法律修订的基础和关键。为此，在草案总则部分明确规定武警部队担负执勤、处置突发事件、反恐怖、海上维权执法、抢险救援和防卫作战任务，并单设"任务"一章，细化执勤任务范围规定，增加处置突发事件、反恐怖和抢险救援的任务范围规定，对海上维权执法任务和防卫作战任务作了援引性规定。

（三）关于组织指挥。为深入贯彻习主席关于"加快融入全军联合作战体系、加快构建军地协调联动新格局"的指示要求，构建高效顺畅的武警部队组织指挥制度，确保实现党中央、中央军委领导掌握部队、高效指挥部队有机统一和武警部队圆满完成各项任务；也考虑到武警部队领导指挥体制调整后，与地方党委政府及其公安机关的关系发生重大变化，着眼与相关法律法规保持一致、有效衔接，草案专设了"组织和指挥"一章，对武警部队的组成、指挥关系、与地方党委和人民政府之间兵力需求对接、指挥协调机构、业务指导关系等作了明确规定。

（四）关于职责权限。着眼武警部队遂行任务需要，确保有效维护人民群众合法权益，对执行任务的程序规则、职权行使和责任承担等作出明确，规定了履职原则，对警械武器的使用和执行海上维权执法任务时的相应职权作了援引性规定。

（五）关于各项保障。为有利于武警部队履行职责，同时为后续改革预留好空间和接口，草案对现行法律相关保障措施作了完善。主要是明确提出武警部队应当与有关部门建立情报信息共享机制；国家建立与经济社会发展相适应、与人民武装警察部队担负任务和建设发展相协调的经费保障机制，相应经费保障按照国家有关规定列入财政预算。

（六）关于监督检查和法律责任。适应武警部队领导指挥体制和军队监察体制构建的实际，强化对武警部队权力运行的监督，明确了中央军委监察委员会、武警部队各级监察委员会是人民武装警察执行任务的法定监督机关，在执行执勤、处置突发事件、反恐怖、海上维权执法、抢险救援任务时，接受人民政府及其有关部门、公民、法人和其他组织的社会监督。草案还结合部队近年来任务实践，严格了人民武装警察禁止性行为规定，细化了公民、法人和其他组织妨碍执行任务需要承担法律责任的违法行为种类。

此外，草案根据党中央、中央军委出台的有关政策规定，还对法律其他条文作出了相应修改和完善。

《中华人民共和国人民武装警察法（修订草案）》和以上说明是否妥当，请审议。

全国人民代表大会宪法和法律委员会关于《中华人民共和国人民武装警察法（修订草案）》审议结果的报告

全国人民代表大会常务委员会：

　　常委会第十七次会议对人民武装警察法修订草案进行了初次审议。会后，法制工作委员会将修订草案印发各省（区、市）、中央有关部门和部分法学教学研究机构征求意见；在中国人大网全文公布草案征求社会公众意见。宪法和法律委员会、法制工作委员会召开座谈会，听取中央有关部门和有关专家的意见。宪法和法律委员会、法制工作委员会还到武警部队和北京市进行调研，了解情况，听取意见。6月5日，宪法和法律委员会召开会议，根据常委会组成人员的审议意见和各方面的意见，对修订草案进行了逐条审议。中央军委办公厅军委法制局、中央军委改革和编制办公室、中国人民武装警察部队的有关负责同志列席了会议。6月11日，宪法和法律委员会召开会议，再次进行审议。宪法和法律委员会认为，为了规范和保障武警部队履行职责，维护国家安全和社会稳定，保护公民、法人和其他组织的合法权益，修改人民武装警察法是必要的。修订草案经过审议修改，已经比较成熟。同时，提出以下主要修改意见：

一、修订草案第四条中规定武警部队"担负执勤、处置突发事件、反恐怖、海上维权执法、抢险救援和防卫作战"等任务。有的常委委员、部门、地方和社会公众提出，修订草案规定的"突发事件"应是指突发社会安全事件，不包括突发事件应对法规定的其他类别的突发事件；同时"反恐怖"的表述也与反恐怖主义法不一致，建议作出修改。宪法和法律委员会经研究，建议将草案的相关表述修改为"处置突发社会安全事件"、"防范和处置恐怖活动"。

二、修订草案第十条中规定，人民武装警察部队平时遂行各项任务，由中央和国家机关有关部门及地方各级人民政府提出需求。有的常委委员提出，地方许多事务需要武警部队支持和协助，为贯彻习近平总书记关于"加快构建军地协调联动新格局"的指示要求，建议进一步明确军地需求对接机制和地方提出任务需求的程序。宪法和法律委员会经研究，建议根据党中央、中央军委有关文件精神，增加一条规定："中央国家机关、县级以上地方人民政府应当与人民武装警察部队建立任务需求和工作协调机制。""中央国家机关、县级以上地方人民政府因重要活动安全保卫、处置突发社会安全事件、防范和处置恐怖活动、抢险救援等需要人民武装警察部队协助的，应当按照国家有关规定提出需求。""执勤目标单位可以向负责执勤任务的人民武装警察部队提出需求。"

三、修订草案第十一条规定，"调动人民武装警察部队执行任务，应当坚持依法用兵、严格审批的原则，严格按照指挥关系、职责权限和运行机制组织实施。批准权限和程序由中央军事委员会规定。"有的部门提出，修订草案只规定一般情况下调动武警部队的要求，建议对特别紧急情况下需要武警部队立即采取行动的情形作出规定。宪法和法律委员会经研究，建议根据中央军委有关文件精神，增加一款规定："遇有重大灾情、险情或者暴力恐怖事件等严重威胁公共安全和人民群众人身财产安全的紧急情况，人民武装警察部队应当依照中央军事委员会有关规定采取行动并同时报告"。

四、修订草案第四十条第三款规定，"公民、法人和其他组织协助人民武装警察部队执行任务造成人身伤亡和财产损失的，按照国家有关规定给予相应补偿。"有的常委委员、地方提出，公民、法人和其他组织因协助武警部队执行任务牺牲、伤残的，也应给予抚恤优待；同时人民武装警察因执行任务牺牲、伤残的，应当按照国家有关军人抚恤优待的规定给予抚恤优待。宪法和法律委员会经研究，建议将上述条款修改为："公民、法人和其他组织因协助人民武装警察部队执行任务牺牲、伤残或者遭受财产损失的，按照国家有关规定给予抚恤优待或者相应补偿。"同时增加一条规定："人民武装警察因执行任务牺牲、伤残的，按照国家有关军人抚恤优待的规定给予抚恤优待。"

五、修订草案第四十六条规定，"对非法制造、买卖、持有、使用人民武装警察部队专用标志、警械装备、证件、印章的，依法给予治安管理处罚；构成犯罪的，依法追究刑事责任。"有的常委委员提出，该条规定在治安管理处罚法中没有直接对应的条款，建议本法明确相关具体罚则。宪法和法律委员会经研究，建议将本条修改为："非法制造、买卖、持有、使用人民武装警察部队专用标志、警械装备、证件、印章的，由公安机关处十五日以下拘留或者警告，可以并处违法所得一倍以上五倍以下的罚款。"

此外，还对修订草案作了一些文字修改。

6月上旬，法制工作委员会采取书面形式，就修订草案中主要制度规范的可行性、出台时机、实施的社会效果和可能出现的问题等邀请部分专家学者进行评估。专家学者普遍认为，修改人民武装警察法是贯彻落实党的十九大精神和习近平总书记关于武警部队建设发展重要论述的重大举措，非常必要和及时，对于建立一支强大的现代化武警部队，规范和保障武警部队履行使命任务具有重要意义。修订草案经过修改，充分吸收了各方面意见，进一步增强了制度规范的针对性和可操作性，已经比较成熟，建议尽快审议通过。专家学者还对修订草案提出了一些具体修改意见，宪法和法律委员会进行了认真研究，对有的意见予以采纳。

修订草案二次审议稿已按上述意见作了修改。宪法和法律委员会建议提请本次常委会会议审议通过。

修订草案二次审议稿和以上报告是否妥当，请审议。

全国人民代表大会宪法和法律委员会

2020 年 6 月 18 日

全国人民代表大会宪法和法律委员会
关于《中华人民共和国人民武装警察法
（修订草案二次审议稿）》修改意见的报告

全国人民代表大会常务委员会：

　　本次常委会会议于 6 月 18 日下午对人民武装警察法修订草案二次审议稿进行了分组审议。普遍认为，修订草案已经比较成熟，建议进一步修改后，提请本次会议通过。同时，有些常委会组成人员还提出了一些修改意见。宪法和法律委员会于 6 月 18 日晚召开会议，逐条研究了常委会组成人员的审议意见，对修订草案进行了审议。中央军委办公厅军委法制局、中央军委改革和编制办公室、中国人民武装警察部队的有关负责同志列席了会议。宪法和法律委员会认为，修订草案是可行的，同时，提出以下修改意见：

　　修订草案二次审议稿第十四条第二款规定，人民武装警察部队执行武装警卫、武装守卫、武装守护、武装警戒任务，执勤目标单位可以对在本单位担负执勤任务的人民武装警察部队进行执勤业务指导。

有的常委委员提出，本款列举的任务事项不够全面，建议增加执行押解、押运等任务。宪法和法律委员会经研究，建议采纳这一意见。

此外，根据常委会组成人员的审议意见，还对修订草案二次审议稿作了一些文字修改。

经与中央军委办公厅军委法制局、中央军委改革和编制办公室、中国人民武装警察部队研究，建议修订后的人民武装警察法自 2020 年 6 月 21 日起施行。

修订草案建议表决稿已按上述意见作了修改，宪法和法律委员会建议本次常委会会议审议通过。

修订草案建议表决稿和以上报告是否妥当，请审议。

全国人民代表大会宪法和法律委员会

2020 年 6 月 19 日

第三部分

有关法律法规

中华人民共和国国防法

（1997年3月14日第八届全国人民代表大会第五次会议通过 根据2009年8月27日第十一届全国人民代表大会常务委员会第十次会议《关于修改部分法律的决定》修正 2020年12月26日第十三届全国人民代表大会常务委员会第二十四次会议修订）

目 录

第一章　总　则

第一条　为了建设和巩固国防，保障改革开放和社会主义现代化建设的顺利进行，实现中华民族伟大复兴，根据宪法，制定本法。

第二条　国家为防备和抵抗侵略，制止武装颠覆和分裂，保卫国家主权、统一、领土完整、安全和发展利益所进行的军事活动，以及与军事有关的政治、经济、外交、科技、教育等方面的活动，适用本法。

第三条　国防是国家生存与发展的安全保障。

国家加强武装力量建设，加强边防、海防、空防和其他重大安全领域防卫建设，发展国防科研生产，普及全民国防教育，完善国防动员体系，实现国防现代化。

第四条　国防活动坚持以马克思列宁主义、毛泽东思想、邓小平理论、"三个代表"重要思想、科学发展观、习近平新时代中国特色社会主义思想为指导，贯彻习近平强军思想，坚持总体国家安全观，贯彻新时代军事战略方针，建设与我国国际地位相称、与国家安全和发展利益相适应的巩固国防和强大武装力量。

第五条　国家对国防活动实行统一的领导。

第六条 中华人民共和国奉行防御性国防政策，独立自主、自力更生地建设和巩固国防，实行积极防御，坚持全民国防。

国家坚持经济建设和国防建设协调、平衡、兼容发展，依法开展国防活动，加快国防和军队现代化，实现富国和强军相统一。

第七条 保卫祖国、抵抗侵略是中华人民共和国每一个公民的神圣职责。

中华人民共和国公民应当依法履行国防义务。

一切国家机关和武装力量、各政党和各人民团体、企业事业组织、社会组织和其他组织，都应当支持和依法参与国防建设，履行国防职责，完成国防任务。

第八条 国家和社会尊重、优待军人，保障军人的地位和合法权益，开展各种形式的拥军优属活动，让军人成为全社会尊崇的职业。

中国人民解放军和中国人民武装警察部队开展拥政爱民活动，巩固军政军民团结。

第九条 中华人民共和国积极推进国际军事交流与合作，维护世界和平，反对侵略扩张行为。

第十条 对在国防活动中作出贡献的组织和个人，依照有关法律、法规的规定给予表彰和奖励。

第十一条 任何组织和个人违反本法和有关法律，拒绝履行国防义务或者危害国防利益的，依法追究法律责任。

公职人员在国防活动中，滥用职权、玩忽职守、徇私舞弊的，依法追究法律责任。

第二章　国家机构的国防职权

第十二条　全国人民代表大会依照宪法规定，决定战争和和平的问题，并行使宪法规定的国防方面的其他职权。

全国人民代表大会常务委员会依照宪法规定，决定战争状态的宣布，决定全国总动员或者局部动员，并行使宪法规定的国防方面的其他职权。

第十三条　中华人民共和国主席根据全国人民代表大会的决定和全国人民代表大会常务委员会的决定，宣布战争状态，发布动员令，并行使宪法规定的国防方面的其他职权。

第十四条　国务院领导和管理国防建设事业，行使下列职权：

（一）编制国防建设的有关发展规划和计划；

（二）制定国防建设方面的有关政策和行政法规；

（三）领导和管理国防科研生产；

（四）管理国防经费和国防资产；

（五）领导和管理国民经济动员工作和人民防空、国防交通等方面的建设和组织实施工作；

（六）领导和管理拥军优属工作和退役军人保障工作；

（七）与中央军事委员会共同领导民兵的建设，征兵工作，边防、海防、空防和其他重大安全领域防卫的管理工作；

（八）法律规定的与国防建设事业有关的其他职权。

第十五条　中央军事委员会领导全国武装力量，行使下列职权：

（一）统一指挥全国武装力量；

（二）决定军事战略和武装力量的作战方针；

（三）领导和管理中国人民解放军、中国人民武装警察部队的建设，制定规划、计划并组织实施；

（四）向全国人民代表大会或者全国人民代表大会常务委员会提出议案；

（五）根据宪法和法律，制定军事法规，发布决定和命令；

（六）决定中国人民解放军、中国人民武装警察部队的体制和编制，规定中央军事委员会机关部门、战区、军兵种和中国人民武装警察部队等单位的任务和职责；

（七）依照法律、军事法规的规定，任免、培训、考核和奖惩武装力量成员；

（八）决定武装力量的武器装备体制，制定武器装备发展规划、计划，协同国务院领导和管理国防科研生产；

（九）会同国务院管理国防经费和国防资产；

（十）领导和管理人民武装动员、预备役工作；

（十一）组织开展国际军事交流与合作；

（十二）法律规定的其他职权。

第十六条　中央军事委员会实行主席负责制。

第十七条　国务院和中央军事委员会建立协调机制，解决国防事务的重大问题。

中央国家机关与中央军事委员会机关有关部门可以根据情况召开会议，协调解决有关国防事务的问题。

第十八条　地方各级人民代表大会和县级以上地方各级人民代表

大会常务委员会在本行政区域内，保证有关国防事务的法律、法规的遵守和执行。

地方各级人民政府依照法律规定的权限，管理本行政区域内的征兵、民兵、国民经济动员、人民防空、国防交通、国防设施保护，以及退役军人保障和拥军优属等工作。

第十九条 地方各级人民政府和驻地军事机关根据需要召开军地联席会议，协调解决本行政区域内有关国防事务的问题。

军地联席会议由地方人民政府的负责人和驻地军事机关的负责人共同召集。军地联席会议的参加人员由会议召集人确定。

军地联席会议议定的事项，由地方人民政府和驻地军事机关根据各自职责和任务分工办理，重大事项应当分别向上级报告。

第三章 武装力量

第二十条 中华人民共和国的武装力量属于人民。它的任务是巩固国防，抵抗侵略，保卫祖国，保卫人民的和平劳动，参加国家建设事业，全心全意为人民服务。

第二十一条 中华人民共和国的武装力量受中国共产党领导。武装力量中的中国共产党组织依照中国共产党章程进行活动。

第二十二条 中华人民共和国的武装力量，由中国人民解放军、中国人民武装警察部队、民兵组成。

中国人民解放军由现役部队和预备役部队组成，在新时代的使命任务是为巩固中国共产党领导和社会主义制度，为捍卫国家主权、统

一、领土完整，为维护国家海外利益，为促进世界和平与发展，提供战略支撑。现役部队是国家的常备军，主要担负防卫作战任务，按照规定执行非战争军事行动任务。预备役部队按照规定进行军事训练、执行防卫作战任务和非战争军事行动任务；根据国家发布的动员令，由中央军事委员会下达命令转为现役部队。

中国人民武装警察部队担负执勤、处置突发社会安全事件、防范和处置恐怖活动、海上维权执法、抢险救援和防卫作战以及中央军事委员会赋予的其他任务。

民兵在军事机关的指挥下，担负战备勤务、执行非战争军事行动任务和防卫作战任务。

第二十三条 中华人民共和国的武装力量必须遵守宪法和法律。

第二十四条 中华人民共和国武装力量建设坚持走中国特色强军之路，坚持政治建军、改革强军、科技强军、人才强军、依法治军，加强军事训练，开展政治工作，提高保障水平，全面推进军事理论、军队组织形态、军事人员和武器装备现代化，构建中国特色现代作战体系，全面提高战斗力，努力实现党在新时代的强军目标。

第二十五条 中华人民共和国武装力量的规模应当与保卫国家主权、安全、发展利益的需要相适应。

第二十六条 中华人民共和国的兵役分为现役和预备役。军人和预备役人员的服役制度由法律规定。

中国人民解放军、中国人民武装警察部队依照法律规定实行衔级制度。

第二十七条 中国人民解放军、中国人民武装警察部队在规定岗位实行文职人员制度。

第二十八条 中国人民解放军军旗、军徽是中国人民解放军的象征和标志。中国人民武装警察部队旗、徽是中国人民武装警察部队的象征和标志。

公民和组织应当尊重中国人民解放军军旗、军徽和中国人民武装警察部队旗、徽。

中国人民解放军军旗、军徽和中国人民武装警察部队旗、徽的图案、样式以及使用管理办法由中央军事委员会规定。

第二十九条 国家禁止任何组织或者个人非法建立武装组织，禁止非法武装活动，禁止冒充军人或者武装力量组织。

第四章 边防、海防、空防和其他重大安全领域防卫

第三十条 中华人民共和国的领陆、领水、领空神圣不可侵犯。国家建设强大稳固的现代边防、海防和空防，采取有效的防卫和管理措施，保卫领陆、领水、领空的安全，维护国家海洋权益。

国家采取必要的措施，维护在太空、电磁、网络空间等其他重大安全领域的活动、资产和其他利益的安全。

第三十一条 中央军事委员会统一领导边防、海防、空防和其他重大安全领域的防卫工作。

中央国家机关、地方各级人民政府和有关军事机关，按照规定的职权范围，分工负责边防、海防、空防和其他重大安全领域的管理和防卫工作，共同维护国家的安全和利益。

第三十二条 国家根据边防、海防、空防和其他重大安全领域防卫的需要，加强防卫力量建设，建设作战、指挥、通信、测控、导航、防护、交通、保障等国防设施。各级人民政府和军事机关应当依照法律、法规的规定，保障国防设施的建设，保护国防设施的安全。

第五章 国防科研生产和军事采购

第三十三条 国家建立和完善国防科技工业体系，发展国防科研生产，为武装力量提供性能先进、质量可靠、配套完善、便于操作和维修的武器装备以及其他适用的军用物资，满足国防需要。

第三十四条 国防科技工业实行军民结合、平战结合、军品优先、创新驱动、自主可控的方针。

国家统筹规划国防科技工业建设，坚持国家主导、分工协作、专业配套、开放融合，保持规模适度、布局合理的国防科研生产能力。

第三十五条 国家充分利用全社会优势资源，促进国防科学技术进步，加快技术自主研发，发挥高新技术在武器装备发展中的先导作用，增加技术储备，完善国防知识产权制度，促进国防科技成果转化，推进科技资源共享和协同创新，提高国防科研能力和武器装备技术水平。

第三十六条 国家创造有利的环境和条件，加强国防科学技术人才培养，鼓励和吸引优秀人才进入国防科研生产领域，激发人才创新活力。

国防科学技术工作者应当受到全社会的尊重。国家逐步提高国防科学技术工作者的待遇，保护其合法权益。

第三十七条　国家依法实行军事采购制度，保障武装力量所需武器装备和物资、工程、服务的采购供应。

第三十八条　国家对国防科研生产实行统一领导和计划调控；注重发挥市场机制作用，推进国防科研生产和军事采购活动公平竞争。

国家为承担国防科研生产任务和接受军事采购的组织和个人依法提供必要的保障条件和优惠政策。地方各级人民政府应当依法对承担国防科研生产任务和接受军事采购的组织和个人给予协助和支持。

承担国防科研生产任务和接受军事采购的组织和个人应当保守秘密，及时高效完成任务，保证质量，提供相应的服务保障。

国家对供应武装力量的武器装备和物资、工程、服务，依法实行质量责任追究制度。

第六章　国防经费和国防资产

第三十九条　国家保障国防事业的必要经费。国防经费的增长应当与国防需求和国民经济发展水平相适应。

国防经费依法实行预算管理。

第四十条　国家为武装力量建设、国防科研生产和其他国防建设直接投入的资金、划拨使用的土地等资源，以及由此形成的用于国防目的的武器装备和设备设施、物资器材、技术成果等属于国防资产。

国防资产属于国家所有。

第四十一条　国家根据国防建设和经济建设的需要，确定国防资产的规模、结构和布局，调整和处分国防资产。

国防资产的管理机构和占有、使用单位，应当依法管理国防资产，充分发挥国防资产的效能。

第四十二条 国家保护国防资产不受侵害，保障国防资产的安全、完整和有效。

禁止任何组织或者个人破坏、损害和侵占国防资产。未经国务院、中央军事委员会或者国务院、中央军事委员会授权的机构批准，国防资产的占有、使用单位不得改变国防资产用于国防的目的。国防资产中的技术成果，在坚持国防优先、确保安全的前提下，可以根据国家有关规定用于其他用途。

国防资产的管理机构或者占有、使用单位对不再用于国防目的的国防资产，应当按照规定报批，依法改作其他用途或者进行处置。

第七章 国防教育

第四十三条 国家通过开展国防教育，使全体公民增强国防观念、强化忧患意识、掌握国防知识、提高国防技能、发扬爱国主义精神，依法履行国防义务。

普及和加强国防教育是全社会的共同责任。

第四十四条 国防教育贯彻全民参与、长期坚持、讲求实效的方针，实行经常教育与集中教育相结合、普及教育与重点教育相结合、理论教育与行为教育相结合的原则。

第四十五条 国防教育主管部门应当加强国防教育的组织管理，其他有关部门应当按照规定的职责做好国防教育工作。

军事机关应当支持有关机关和组织开展国防教育工作，依法提供有关便利条件。

一切国家机关和武装力量、各政党和各人民团体、企业事业组织、社会组织和其他组织，都应当组织本地区、本部门、本单位开展国防教育。

学校的国防教育是全民国防教育的基础。各级各类学校应当设置适当的国防教育课程，或者在有关课程中增加国防教育的内容。普通高等学校和高中阶段学校应当按照规定组织学生军事训练。

公职人员应当积极参加国防教育，提升国防素养，发挥在全民国防教育中的模范带头作用。

第四十六条　各级人民政府应当将国防教育纳入国民经济和社会发展计划，保障国防教育所需的经费。

第八章　国防动员和战争状态

第四十七条　中华人民共和国的主权、统一、领土完整、安全和发展利益遭受威胁时，国家依照宪法和法律规定，进行全国总动员或者局部动员。

第四十八条　国家将国防动员准备纳入国家总体发展规划和计划，完善国防动员体制，增强国防动员潜力，提高国防动员能力。

第四十九条　国家建立战略物资储备制度。战略物资储备应当规模适度、储存安全、调用方便、定期更换，保障战时的需要。

第五十条　国家国防动员领导机构、中央国家机关、中央军事委员会机关有关部门按照职责分工，组织国防动员准备和实施工作。

一切国家机关和武装力量、各政党和各人民团体、企业事业组织、社会组织、其他组织和公民，都必须依照法律规定完成国防动员准备工作；在国家发布动员令后，必须完成规定的国防动员任务。

第五十一条 国家根据国防动员需要，可以依法征收、征用组织和个人的设备设施、交通工具、场所和其他财产。

县级以上人民政府对被征收、征用者因征收、征用所造成的直接经济损失，按照国家有关规定给予公平、合理的补偿。

第五十二条 国家依照宪法规定宣布战争状态，采取各种措施集中人力、物力和财力，领导全体公民保卫祖国、抵抗侵略。

第九章 公民、组织的国防义务和权利

第五十三条 依照法律服兵役和参加民兵组织是中华人民共和国公民的光荣义务。

各级兵役机关和基层人民武装机构应当依法办理兵役工作，按照国务院和中央军事委员会的命令完成征兵任务，保证兵员质量。有关国家机关、人民团体、企业事业组织、社会组织和其他组织，应当依法完成民兵和预备役工作，协助完成征兵任务。

第五十四条 企业事业组织和个人承担国防科研生产任务或者接受军事采购，应当按照要求提供符合质量标准的武器装备或者物资、工程、服务。

企业事业组织和个人应当按照国家规定在与国防密切相关的建设项目中贯彻国防要求，依法保障国防建设和军事行动的需要。车站、

港口、机场、道路等交通设施的管理、运营单位应当为军人和军用车辆、船舶的通行提供优先服务，按照规定给予优待。

第五十五条 公民应当接受国防教育。

公民和组织应当保护国防设施，不得破坏、危害国防设施。

公民和组织应当遵守保密规定，不得泄露国防方面的国家秘密，不得非法持有国防方面的秘密文件、资料和其他秘密物品。

第五十六条 公民和组织应当支持国防建设，为武装力量的军事训练、战备勤务、防卫作战、非战争军事行动等活动提供便利条件或者其他协助。

国家鼓励和支持符合条件的公民和企业投资国防事业，保障投资者的合法权益并依法给予政策优惠。

第五十七条 公民和组织有对国防建设提出建议的权利，有对危害国防利益的行为进行制止或者检举的权利。

第五十八条 民兵、预备役人员和其他公民依法参加军事训练，担负战备勤务、防卫作战、非战争军事行动等任务时，应当履行自己的职责和义务；国家和社会保障其享有相应的待遇，按照有关规定对其实行抚恤优待。

公民和组织因国防建设和军事活动在经济上受到直接损失的，可以依照国家有关规定获得补偿。

第十章　军人的义务和权益

第五十九条 军人必须忠于祖国，忠于中国共产党，履行职责，英勇战斗，不怕牺牲，捍卫祖国的安全、荣誉和利益。

第六十条　军人必须模范地遵守宪法和法律，遵守军事法规，执行命令，严守纪律。

第六十一条　军人应当发扬人民军队的优良传统，热爱人民，保护人民，积极参加社会主义现代化建设，完成抢险救灾等任务。

第六十二条　军人应当受到全社会的尊崇。

国家建立军人功勋荣誉表彰制度。

国家采取有效措施保护军人的荣誉、人格尊严，依照法律规定对军人的婚姻实行特别保护。

军人依法履行职责的行为受法律保护。

第六十三条　国家和社会优待军人。

国家建立与军事职业相适应、与国民经济发展相协调的军人待遇保障制度。

第六十四条　国家建立退役军人保障制度，妥善安置退役军人，维护退役军人的合法权益。

第六十五条　国家和社会抚恤优待残疾军人，对残疾军人的生活和医疗依法给予特别保障。

因战、因公致残或者致病的残疾军人退出现役后，县级以上人民政府应当及时接收安置，并保障其生活不低于当地的平均生活水平。

第六十六条　国家和社会优待军人家属，抚恤优待烈士家属和因公牺牲、病故军人的家属。

第十一章　对外军事关系

第六十七条　中华人民共和国坚持互相尊重主权和领土完整、互不侵犯、互不干涉内政、平等互利、和平共处五项原则，维护以联合国为核心的国际体系和以国际法为基础的国际秩序，坚持共同、综合、合作、可持续的安全观，推动构建人类命运共同体，独立自主地处理对外军事关系，开展军事交流与合作。

第六十八条　中华人民共和国遵循以联合国宪章宗旨和原则为基础的国际关系基本准则，依照国家有关法律运用武装力量，保护海外中国公民、组织、机构和设施的安全，参加联合国维和、国际救援、海上护航、联演联训、打击恐怖主义等活动，履行国际安全义务，维护国家海外利益。

第六十九条　中华人民共和国支持国际社会实施的有利于维护世界和地区和平、安全、稳定的与军事有关的活动，支持国际社会为公正合理地解决国际争端以及国际军备控制、裁军和防扩散所做的努力，参与安全领域多边对话谈判，推动制定普遍接受、公正合理的国际规则。

第七十条　中华人民共和国在对外军事关系中遵守同外国、国际组织缔结或者参加的有关条约和协定。

第十二章　附　则

第七十一条　本法所称军人，是指在中国人民解放军服现役的军官、军士、义务兵等人员。

本法关于军人的规定，适用于人民武装警察。

第七十二条　中华人民共和国特别行政区的防务，由特别行政区基本法和有关法律规定。

第七十三条　本法自 2021 年 1 月 1 日起施行。

中华人民共和国戒严法（节选）

（1996 年 3 月 1 日第八届全国人民代表大会常务委员会第十八次会议通过）

第二条 在发生严重危及国家的统一、安全或者社会公共安全的动乱、暴乱或者严重骚乱，不采取非常措施不足以维护社会秩序、保护人民的生命和财产安全的紧急状态时，国家可以决定实行戒严。

第三条 全国或者个别省、自治区、直辖市的戒严，由国务院提请全国人民代表大会常务委员会决定；中华人民共和国主席根据全国人民代表大会常务委员会的决定，发布戒严令。

省、自治区、直辖市的范围内部分地区的戒严，由国务院决定，国务院总理发布戒严令。

第八条 戒严任务由人民警察、人民武装警察执行；必要时，国务院可以向中央军事委员会提出，由中央军事委员会决定派出人民解放军协助执行戒严任务。

第十七条 根据执行戒严任务的需要，戒严地区的县级以上人民政府可以临时征用国家机关、企业事业组织、社会团体以及公民个人的房屋、场所、设施、运输工具、工程机械等。在非常紧急的情况下，执行戒严任务的人民警察、人民武装警察、人民解放军的现场指挥员可以直接决定临时征用，地方人民政府应当给予协助。实施征用应当开具征用单据。

前款规定的临时征用物，在使用完毕或者戒严解除后应当及时归还；因征用造成损坏的，由县级以上人民政府按照国家有关规定给予相应补偿。

第十八条　戒严期间，对戒严地区的下列单位、场所，采取措施，加强警卫：

（一）首脑机关；

（二）军事机关和重要军事设施；

（三）外国驻华使领馆、国际组织驻华代表机构和国宾下榻处；

（四）广播电台、电视台、国家通讯社等重要新闻单位及其重要设施；

（五）与国计民生有重大关系的公用企业和公共设施；

（六）机场、火车站和港口；

（七）监狱、劳教场所、看守所；

（八）其他需要加强警卫的单位和场所。

第二十一条　执行戒严任务的人民警察、人民武装警察和人民解放军是戒严执勤人员。

戒严执勤人员执行戒严任务时，应当佩带由戒严实施机关统一规定的标志。

第二十二条　戒严执勤人员依照戒严实施机关的规定，有权对戒严地区公共道路上或者其他公共场所内的人员的证件、车辆、物品进行检查。

第二十三条　戒严执勤人员依照戒严实施机关的规定，有权对违反宵禁规定的人予以扣留，直至清晨宵禁结束；并有权对被扣留者的人身进行搜查，对其携带的物品进行检查。

第二十四条　戒严执勤人员依照戒严实施机关的规定，有权对下列人员立即予以拘留：

（一）正在实施危害国家安全、破坏社会秩序的犯罪或者有重大嫌疑的；

（二）阻挠或者抗拒戒严执勤人员执行戒严任务的；

（三）抗拒交通管制或者宵禁规定的；

（四）从事其他抗拒戒严令的活动的。

第二十五条　戒严执勤人员依照戒严实施机关的规定，有权对被拘留的人员的人身进行搜查，有权对犯罪嫌疑分子的住所和涉嫌藏匿犯罪分子、犯罪嫌疑分子或者武器、弹药等危险物品的场所进行搜查。

第二十六条　在戒严地区有下列聚众情形之一、阻止无效的，戒严执勤人员根据有关规定，可以使用警械强行制止或者驱散，并将其组织者和拒不服从的人员强行带离现场或者立即予以拘留：

（一）非法进行集会、游行、示威以及其他聚众活动的；

（二）非法占据公共场所或者在公共场所煽动进行破坏活动的；

（三）冲击国家机关或者其他重要单位、场所的；

（四）扰乱交通秩序或者故意堵塞交通的；

（五）哄抢或者破坏机关、团体、企业事业组织和公民个人的财产的。

第二十七条 戒严执勤人员对于依照本法规定予以拘留的人员，应当及时登记和讯问，发现不需要继续拘留的，应当立即释放。

戒严期间拘留、逮捕的程序和期限可以不受中华人民共和国刑事诉讼法有关规定的限制，但逮捕须经人民检察院批准或者决定。

第二十八条 在戒严地区遇有下列特别紧急情形之一，使用警械无法制止时，戒严执勤人员可以使用枪支等武器：

（一）公民或者戒严执勤人员的生命安全受到暴力危害时；

（二）拘留、逮捕、押解人犯，遇有暴力抗拒、行凶或者脱逃时；

（三）遇暴力抢夺武器、弹药时；

（四）警卫的重要对象、目标受到暴力袭击，或者有受到暴力袭击的紧迫危险时；

（五）在执行消防、抢险、救护作业以及其他重大紧急任务中，受到严重暴力阻挠时；

（六）法律、行政法规规定可以使用枪支等武器的其他情形。

戒严执勤人员必须严格遵守使用枪支等武器的规定。

第二十九条 戒严执勤人员应当遵守法律、法规和执勤规则，服从命令，履行职责，尊重当地民族风俗习惯，不得侵犯和损害公民的合法权益。

第三十条 戒严执勤人员依法执行任务的行为受法律保护。

戒严执勤人员违反本法规定，滥用职权，侵犯和损害公民合法权益的，依法追究法律责任。

第三十一条　在个别县、市的局部范围内突然发生严重骚乱，严重危及国家安全、社会公共安全和人民的生命财产安全，国家没有作出戒严决定时，当地省级人民政府报经国务院批准，可以决定并组织人民警察、人民武装警察实施交通管制和现场管制，限制人员进出管制区域，对进出管制区域人员的证件、车辆、物品进行检查，对参与骚乱的人可以强行予以驱散、强行带离现场、搜查，对组织者和拒不服从的人员可以立即予以拘留；在人民警察、人民武装警察力量还不足以维持社会秩序时，可以报请国务院向中央军事委员会提出，由中央军事委员会决定派出人民解放军协助当地人民政府恢复和维持正常社会秩序。

中华人民共和国突发事件应对法（节选）

（2007 年 8 月 30 日第十届全国人民代表大会常务委员会第二十九次会议通过）

第三条　本法所称突发事件，是指突然发生，造成或者可能造成严重社会危害，需要采取应急处置措施予以应对的自然灾害、事故灾难、公共卫生事件和社会安全事件。

按照社会危害程度、影响范围等因素，自然灾害、事故灾难、公共卫生事件分为特别重大、重大、较大和一般四级。法律、行政法规或者国务院另有规定的，从其规定。

突发事件的分级标准由国务院或者国务院确定的部门制定。

第八条　国务院在总理领导下研究、决定和部署特别重大突发事件的应对工作；根据实际需要，设立国家突发事件应急指挥机构，负责突发事件应对工作；必要时，国务院可以派出工作组指导有关工作。

县级以上地方各级人民政府设立由本级人民政府主要负责人、相关部门负责人、驻当地中国人民解放军和中国人民武装警察部队有关负责人组成的突发事件应急指挥机构，统一领导、协调本级人民政府各有关部门和下级人民政府开展突发事件应对工作；根据实际需要，设立相关类别突发事件应急指挥机构，组织、协调、指挥突发事件应对工作。

上级人民政府主管部门应当在各自职责范围内，指导、协助下级人民政府及其相应部门做好有关突发事件的应对工作。

第十四条 中国人民解放军、中国人民武装警察部队和民兵组织依照本法和其他有关法律、行政法规、军事法规的规定以及国务院、中央军事委员会的命令，参加突发事件的应急救援和处置工作。

第二十八条 中国人民解放军、中国人民武装警察部队和民兵组织应当有计划地组织开展应急救援的专门训练。

第三十七条 国务院建立全国统一的突发事件信息系统。

县级以上地方各级人民政府应当建立或者确定本地区统一的突发事件信息系统，汇集、储存、分析、传输有关突发事件的信息，并与上级人民政府及其有关部门、下级人民政府及其有关部门、专业机构和监测网点的突发事件信息系统实现互联互通，加强跨部门、跨地区的信息交流与情报合作。

第四十条 县级以上地方各级人民政府应当及时汇总分析突发事件隐患和预警信息，必要时组织相关部门、专业技术人员、专家学者进行会商，对发生突发事件的可能性及其可能造成的影响进行评估；认为可能发生重大或者特别重大突发事件的，应当立即向上级人民政府报告，并向上级人民政府有关部门、当地驻军和可能受到危害的毗邻或者相关地区的人民政府通报。

第四十八条 突发事件发生后，履行统一领导职责或者组织处置突发事件的人民政府应当针对其性质、特点和危害程度，立即组织有关部门，调动应急救援队伍和社会力量，依照本章的规定和有关法律、法规、规章的规定采取应急处置措施。

中华人民共和国刑法（节选）

（1979 年 7 月 1 日第五届全国人民代表大会第二次会议通过　1997 年 3 月 14 日第八届全国人民代表大会第五次会议修订　根据 1998 年 12 月 29 日第九届全国人民代表大会常务委员会第六次会议通过的《全国人民代表大会常务委员会关于惩治骗购外汇、逃汇和非法买卖外汇犯罪的决定》、1999 年 12 月 25 日第九届全国人民代表大会常务委员会第十三次会议通过的《中华人民共和国刑法修正案》、2001 年 8 月 31 日第九届全国人民代表大会常务委员会第二十三次会议通过的《中华人民共和国刑法修正案（二）》、2001 年 12 月 29 日第九届全国人民代表大会常务委员会第二十五次会议通过的《中华人民共和国刑法修正案（三）》、2002 年 12 月 28 日第九届全国人民代表大会常务委员会第三十一次会议通过的《中华人民共和国刑法修正案（四）》、2005 年 2 月 28 日第十届全国人民代表大会常务委员会第十四次会议通过的《中华人民共和国刑法修正案（五）》、2006 年 6 月 29 日第十届全国人民代表大会常务委员会第二十二次会议通过的《中华人民共和国刑法修正案（六）》、2009 年 2 月 28 日第十一届全国人民代表大会常务委员会第七次会议通过的《中华人民共和国刑法修正案（七）》、2009 年 8 月 27 日第十一届全国人民代表大会常务委员会第十次会议通过的《全国人民代表大会常务委员会关于修改部分法律的决定》、2011 年 2 月 25 日第十一届全国人民代表大会常务委员会第十九次会议通过的《中华人民共和国刑法修正案（八）》、2015 年 8 月 29 日第十二届全国人民代表大会常务委员会第十六次会议通过的《中华人民共和国刑法修正案（九）》、2017 年 11 月 4 日第十二届全国人民代表大会常务委员会第三十次会议通过的《中华人民共和国刑法修正案（十）》和 2020 年 12 月 26 日第十三届全国人民代表大会常务委员会第二十四次会议通过的《中华人民共和国刑法修正案（十一）》修正）[1]

第一百零四条　组织、策划、实施武装叛乱或者武装暴乱的，对首要分子或者罪行重大的，处无期徒刑或者十年以上有期徒刑；对积极参加的，处三年以上十年以下有期徒刑；对其他参加的，处三年以下有期徒刑、拘役、管制或者剥夺政治权利。

策动、胁迫、勾引、收买国家机关工作人员、武装部队人员、人民警察、民兵进行武装叛乱或者武装暴乱的，依照前款的规定从重处罚。

第一百零八条　投敌叛变的，处三年以上十年以下有期徒刑；情节严重或者带领武装部队人员、人民警察、民兵投敌叛变的，处十年以上有期徒刑或者无期徒刑。

---

[1] 刑法、历次刑法修正案、涉及修改刑法的决定的施行日期，分别依据各法律所规定的施行日期确定。

第一百零九条　国家机关工作人员在履行公务期间，擅离岗位，叛逃境外或者在境外叛逃的，处五年以下有期徒刑、拘役、管制或者剥夺政治权利；情节严重的，处五年以上十年以下有期徒刑。

掌握国家秘密的国家工作人员叛逃境外或者在境外叛逃的，依照前款的规定从重处罚。

第一百一十一条　为境外的机构、组织、人员窃取、刺探、收买、非法提供国家秘密或者情报的，处五年以上十年以下有期徒刑；情节特别严重的，处十年以上有期徒刑或者无期徒刑；情节较轻的，处五年以下有期徒刑、拘役、管制或者剥夺政治权利。

第一百二十七条　盗窃、抢夺枪支、弹药、爆炸物的，或者盗窃、抢夺毒害性、放射性、传染病病原体等物质，危害公共安全的，处三年以上十年以下有期徒刑；情节严重的，处十年以上有期徒刑、无期徒刑或者死刑。

抢劫枪支、弹药、爆炸物的，或者抢劫毒害性、放射性、传染病病原体等物质，危害公共安全的，或者盗窃、抢夺国家机关、军警人员、民兵的枪支、弹药、爆炸物的，处十年以上有期徒刑、无期徒刑或者死刑。

第一百二十八条　违反枪支管理规定，非法持有、私藏枪支、弹药的，处三年以下有期徒刑、拘役或者管制；情节严重的，处三年以上七年以下有期徒刑。

依法配备公务用枪的人员，非法出租、出借枪支的，依照前款的规定处罚。

依法配置枪支的人员，非法出租、出借枪支，造成严重后果的，依照第一款的规定处罚。

单位犯第二款、第三款罪的，对单位判处罚金，并对其直接负责的主管人员和其他直接责任人员，依照第一款的规定处罚。

第一百二十九条　依法配备公务用枪的人员，丢失枪支不及时报告，造成严重后果的，处三年以下有期徒刑或者拘役。

第二百五十九条　明知是现役军人的配偶而与之同居或者结婚的，处三年以下有期徒刑或者拘役。

利用职权、从属关系，以胁迫手段奸淫现役军人的妻子的，依照本法第二百三十六条的规定定罪处罚。

第二百七十七条　以暴力、威胁方法阻碍国家机关工作人员依法执行职务的，处三年以下有期徒刑、拘役、管制或者罚金。

以暴力、威胁方法阻碍全国人民代表大会和地方各级人民代表大会代表依法执行代表职务的，依照前款的规定处罚。

在自然灾害和突发事件中，以暴力、威胁方法阻碍红十字会工作人员依法履行职责的，依照第一款的规定处罚。

故意阻碍国家安全机关、公安机关依法执行国家安全工作任务，未使用暴力、威胁方法，造成严重后果的，依照第一款的规定处罚。

暴力袭击正在依法执行职务的人民警察的，处三年以下有期徒刑、拘役或者管制；使用枪支、管制刀具，或者以驾驶机动车撞击等手段，严重危及其人身安全的，处三年以上七年以下有期徒刑。

第二百八十一条　非法生产、买卖人民警察制式服装、车辆号牌等专用标志、警械，情节严重的，处三年以下有期徒刑、拘役或者管制，并处或者单处罚金。

单位犯前款罪的，对单位判处罚金，并对其直接负责的主管人员和其他直接责任人员，依照前款的规定处罚。

第三百六十八条 以暴力、威胁方法阻碍军人依法执行职务的，处三年以下有期徒刑、拘役、管制或者罚金。

故意阻碍武装部队军事行动，造成严重后果的，处五年以下有期徒刑或者拘役。

第三百六十九条 破坏武器装备、军事设施、军事通信的，处三年以下有期徒刑、拘役或者管制；破坏重要武器装备、军事设施、军事通信的，处三年以上十年以下有期徒刑；情节特别严重的，处十年以上有期徒刑、无期徒刑或者死刑。

过失犯前款罪，造成严重后果的，处三年以下有期徒刑或者拘役；造成特别严重后果的，处三年以上七年以下有期徒刑。

战时犯前两款罪的，从重处罚。

第三百七十一条 聚众冲击军事禁区，严重扰乱军事禁区秩序的，对首要分子，处五年以上十年以下有期徒刑；对其他积极参加的，处五年以下有期徒刑、拘役、管制或者剥夺政治权利。

聚众扰乱军事管理区秩序，情节严重，致使军事管理区工作无法进行，造成严重损失的，对首要分子，处三年以上七年以下有期徒刑；对其他积极参加的，处三年以下有期徒刑、拘役、管制或者剥夺政治权利。

第三百七十二条 冒充军人招摇撞骗的，处三年以下有期徒刑、拘役、管制或者剥夺政治权利；情节严重的，处三年以上十年以下有期徒刑。

第三百七十三条 煽动军人逃离部队或者明知是逃离部队的军人而雇用，情节严重的，处三年以下有期徒刑、拘役或者管制。

第三百七十四条 在征兵工作中徇私舞弊，接送不合格兵员，情节严重的，处三年以下有期徒刑或者拘役；造成特别严重后果的，处三年以上七年以下有期徒刑。

第三百七十五条 伪造、变造、买卖或者盗窃、抢夺武装部队公文、证件、印章的，处三年以下有期徒刑、拘役、管制或者剥夺政治权利；情节严重的，处三年以上十年以下有期徒刑。

非法生产、买卖武装部队制式服装，情节严重的，处三年以下有期徒刑、拘役或者管制，并处或者单处罚金。

伪造、盗窃、买卖或者非法提供、使用武装部队车辆号牌等专用标志，情节严重的，处三年以下有期徒刑、拘役或者管制，并处或者单处罚金；情节特别严重的，处三年以上七年以下有期徒刑，并处罚金。

单位犯第二款、第三款罪的，对单位判处罚金，并对其直接负责的主管人员和其他直接责任人员，依照各该款的规定处罚。

第三百八十一条 战时拒绝军事征收、征用，情节严重的，处三年以下有期徒刑或者拘役。

第四百二十条 军人违反职责，危害国家军事利益，依照法律应当受刑罚处罚的行为，是军人违反职责罪。

第四百二十一条 战时违抗命令，对作战造成危害的，处三年以上十年以下有期徒刑；致使战斗、战役遭受重大损失的，处十年以上有期徒刑、无期徒刑或者死刑。

第四百二十二条 故意隐瞒、谎报军情或者拒传、假传军令，对作战造成危害的，处三年以上十年以下有期徒刑；致使战斗、战役遭受重大损失的，处十年以上有期徒刑、无期徒刑或者死刑。

第四百二十三条 在战场上贪生怕死，自动放下武器投降敌人的，处三年以上十年以下有期徒刑；情节严重的，处十年以上有期徒刑或者无期徒刑。

投降后为敌人效劳的，处十年以上有期徒刑、无期徒刑或者死刑。

第四百二十四条 战时临阵脱逃的，处三年以下有期徒刑；情节严重的，处三年以上十年以下有期徒刑；致使战斗、战役遭受重大损失的，处十年以上有期徒刑、无期徒刑或者死刑。

第四百二十五条 指挥人员和值班、值勤人员擅离职守或者玩忽职守，造成严重后果的，处三年以下有期徒刑或者拘役；造成特别严重后果的，处三年以上七年以下有期徒刑。

战时犯前款罪的，处五年以上有期徒刑。

第四百二十六条 以暴力、威胁方法，阻碍指挥人员或者值班、值勤人员执行职务的，处五年以下有期徒刑或者拘役；情节严重的，处五年以上十年以下有期徒刑；情节特别严重的，处十年以上有期徒刑或者无期徒刑。战时从重处罚。

第四百二十七条 滥用职权，指使部属进行违反职责的活动，造成严重后果的，处五年以下有期徒刑或者拘役；情节特别严重的，处五年以上十年以下有期徒刑。

第四百二十八条 指挥人员违抗命令，临阵畏缩，作战消极，造成严重后果的，处五年以下有期徒刑；致使战斗、战役遭受重大损失或者有其他特别严重情节的，处五年以上有期徒刑。

第四百二十九条 在战场上明知友邻部队处境危急请求救援，能救援而不救援，致使友邻部队遭受重大损失的，对指挥人员，处五年以下有期徒刑。

第四百三十条 在履行公务期间，擅离岗位，叛逃境外或者在境外叛逃，危害国家军事利益的，处五年以下有期徒刑或者拘役；情节严重的，处五年以上有期徒刑。

驾驶航空器、舰船叛逃的，或者有其他特别严重情节的，处十年以上有期徒刑、无期徒刑或者死刑。

第四百三十一条 以窃取、刺探、收买方法，非法获取军事秘密的，处五年以下有期徒刑；情节严重的，处五年以上十年以下有期徒刑；情节特别严重的，处十年以上有期徒刑。

为境外的机构、组织、人员窃取、刺探、收买、非法提供军事秘密的，处五年以上十年以下有期徒刑；情节严重的，处十年以上有期徒刑、无期徒刑或者死刑。

第四百三十二条 违反保守国家秘密法规，故意或者过失泄露军事秘密，情节严重的，处五年以下有期徒刑或者拘役；情节特别严重的，处五年以上十年以下有期徒刑。

战时犯前款罪的，处五年以上十年以下有期徒刑；情节特别严重的，处十年以上有期徒刑或者无期徒刑。

第四百三十三条 战时造谣惑众，动摇军心的，处三年以下有期徒刑；情节严重的，处三年以上十年以下有期徒刑；情节特别严重的，处十年以上有期徒刑或者无期徒刑。

第四百三十四条 战时自伤身体，逃避军事义务的，处三年以下有期徒刑；情节严重的，处三年以上七年以下有期徒刑。

第四百三十五条 违反兵役法规，逃离部队，情节严重的，处三年以下有期徒刑或者拘役。

战时犯前款罪的，处三年以上七年以下有期徒刑。

第四百三十六条 违反武器装备使用规定，情节严重，因而发生责任事故，致人重伤、死亡或者造成其他严重后果的，处三年以下有期徒刑或者拘役；后果特别严重的，处三年以上七年以下有期徒刑。

第四百三十七条 违反武器装备管理规定，擅自改变武器装备的编配用途，造成严重后果的，处三年以下有期徒刑或者拘役；造成特别严重后果的，处三年以上七年以下有期徒刑。

第四百三十八条 盗窃、抢夺武器装备或者军用物资的，处五年以下有期徒刑或者拘役；情节严重的，处五年以上十年以下有期徒刑；情节特别严重的，处十年以上有期徒刑、无期徒刑或者死刑。

盗窃、抢夺枪支、弹药、爆炸物的，依照本法第一百二十七条的规定处罚。

第四百三十九条 非法出卖、转让军队武器装备的，处三年以上十年以下有期徒刑；出卖、转让大量武器装备或者有其他特别严重情节的，处十年以上有期徒刑、无期徒刑或者死刑。

第四百四十条 违抗命令，遗弃武器装备的，处五年以下有期徒刑或者拘役；遗弃重要或者大量武器装备的，或者有其他严重情节的，处五年以上有期徒刑。

第四百四十一条 遗失武器装备，不及时报告或者有其他严重情节的，处三年以下有期徒刑或者拘役。

第四百四十二条 违反规定，擅自出卖、转让军队房地产，情节严重的，对直接责任人员，处三年以下有期徒刑或者拘役；情节特别严重的，处三年以上十年以下有期徒刑。

第四百四十三条 滥用职权，虐待部属，情节恶劣，致人重伤或者造成其他严重后果的，处五年以下有期徒刑或者拘役；致人死亡的，处五年以上有期徒刑。

第四百四十四条 在战场上故意遗弃伤病军人，情节恶劣的，对直接责任人员，处五年以下有期徒刑。

第四百四十五条 战时在救护治疗职位上，有条件救治而拒不救治危重伤病军人的，处五年以下有期徒刑或者拘役；造成伤病军人重残、死亡或者有其他严重情节的，处五年以上十年以下有期徒刑。

第四百四十六条 战时在军事行动地区，残害无辜居民或者掠夺无辜居民财物的，处五年以下有期徒刑；情节严重的，处五年以上十年以下有期徒刑；情节特别严重的，处十年以上有期徒刑、无期徒刑或者死刑。

第四百四十七条 私放俘虏的，处五年以下有期徒刑；私放重要俘虏、私放俘虏多人或者有其他严重情节的，处五年以上有期徒刑。

第四百四十八条 虐待俘虏，情节恶劣的，处三年以下有期徒刑。

第四百四十九条 在战时，对被判处三年以下有期徒刑没有现实危险宣告缓刑的犯罪军人，允许其戴罪立功，确有立功表现时，可以撤销原判刑罚，不以犯罪论处。

第四百五十条 本章适用于中国人民解放军的现役军官、文职干部、士兵及具有军籍的学员和中国人民武装警察部队的现役警官、文职干部、士兵及具有军籍的学员以及文职人员、执行军事任务的预备役人员和其他人员。

第四百五十一条　本章所称战时，是指国家宣布进入战争状态、部队受领作战任务或者遭敌突然袭击时。

部队执行戒严任务或者处置突发性暴力事件时，以战时论。

中华人民共和国治安管理处罚法（节选）

（2005 年 8 月 28 日第十届全国人民代表大会常务委员会第十七次会议通过　根据 2012 年 10 月 26 日第十一届全国人民代表大会常务委员会第二十九次会议《关于修改〈中华人民共和国治安管理处罚法〉的决定》修正）

第一条　为维护社会治安秩序，保障公共安全，保护公民、法人和其他组织的合法权益，规范和保障公安机关及其人民警察依法履行治安管理职责，制定本法。

第三十二条　非法携带枪支、弹药或者弩、匕首等国家规定的管制器具的，处五日以下拘留，可以并处五百元以下罚款；情节较轻的，处警告或者二百元以下罚款。

非法携带枪支、弹药或者弩、匕首等国家规定的管制器具进入公共场所或者公共交通工具的，处五日以上十日以下拘留，可以并处五百元以下罚款。

第五十条　有下列行为之一的，处警告或者二百元以下罚款；情节严重的，处五日以上十日以下拘留，可以并处五百元以下罚款：

（一）拒不执行人民政府在紧急状态情况下依法发布的决定、命令的；

（二）阻碍国家机关工作人员依法执行职务的；

（三）阻碍执行紧急任务的消防车、救护车、工程抢险车、警车等车辆通行的；

（四）强行冲闯公安机关设置的警戒带、警戒区的。

阻碍人民警察依法执行职务的，从重处罚。

第五十一条 冒充国家机关工作人员或者以其他虚假身份招摇撞骗的，处五日以上十日以下拘留，可以并处五百元以下罚款；情节较轻的，处五日以下拘留或者五百元以下罚款。

冒充军警人员招摇撞骗的，从重处罚。

第一百一十六条 人民警察办理治安案件，有下列行为之一的，依法给予行政处分；构成犯罪的，依法追究刑事责任：

（一）刑讯逼供、体罚、虐待、侮辱他人的；

（二）超过询问查证的时间限制人身自由的；

（三）不执行罚款决定与罚款收缴分离制度或者不按规定将罚没的财物上缴国库或者依法处理的；

（四）私分、侵占、挪用、故意损毁收缴、扣押的财物的；

（五）违反规定使用或者不及时返还被侵害人财物的；

（六）违反规定不及时退还保证金的；

（七）利用职务上的便利收受他人财物或者谋取其他利益的；

（八）当场收缴罚款不出具罚款收据或者不如实填写罚款数额的；

（九）接到要求制止违反治安管理行为的报警后，不及时出警的；

（十）在查处违反治安管理活动时，为违法犯罪行为人通风报信的；

（十一）有徇私舞弊、滥用职权，不依法履行法定职责的其他情形的。

办理治安案件的公安机关有前款所列行为的，对直接负责的主管人员和其他直接责任人员给予相应的行政处分。

第一百一十七条　公安机关及其人民警察违法行使职权，侵犯公民、法人和其他组织合法权益的，应当赔礼道歉；造成损害的，应当依法承担赔偿责任。

中华人民共和国反恐怖主义法（节选）

（2015 年 12 月 27 日第十二届全国人民代表大会常务委员会第十八次会议通过　根据 2018 年 4 月 27 日第十三届全国人民代表大会常务委员会第二次会议《关于修改〈中华人民共和国国境卫生检疫法〉等六部法律的决定》修正）

第三条　本法所称恐怖主义，是指通过暴力、破坏、恐吓等手段，制造社会恐慌、危害公共安全、侵犯人身财产，或者胁迫国家机关、国际组织，以实现其政治、意识形态等目的的主张和行为。

本法所称恐怖活动，是指恐怖主义性质的下列行为：

（一）组织、策划、准备实施、实施造成或者意图造成人员伤亡、重大财产损失、公共设施损坏、社会秩序混乱等严重社会危害的活动的；

（二）宣扬恐怖主义，煽动实施恐怖活动，或者非法持有宣扬恐怖主义的物品，强制他人在公共场所穿戴宣扬恐怖主义的服饰、标志的；

（三）组织、领导、参加恐怖活动组织的；

（四）为恐怖活动组织、恐怖活动人员、实施恐怖活动或者恐怖活动培训提供信息、资金、物资、劳务、技术、场所等支持、协助、便利的；

（五）其他恐怖活动。

本法所称恐怖活动组织，是指三人以上为实施恐怖活动而组成的犯罪组织。

本法所称恐怖活动人员，是指实施恐怖活动的人和恐怖活动组织的成员。

本法所称恐怖事件，是指正在发生或者已经发生的造成或者可能造成重大社会危害的恐怖活动。

第七条　国家设立反恐怖主义工作领导机构，统一领导和指挥全国反恐怖主义工作。

设区的市级以上地方人民政府设立反恐怖主义工作领导机构，县级人民政府根据需要设立反恐怖主义工作领导机构，在上级反恐怖主义工作领导机构的领导和指挥下，负责本地区反恐怖主义工作。

第八条　公安机关、国家安全机关和人民检察院、人民法院、司法行政机关以及其他有关国家机关，应当根据分工，实行工作责任制，依法做好反恐怖主义工作。

中国人民解放军、中国人民武装警察部队和民兵组织依照本法和其他有关法律、行政法规、军事法规以及国务院、中央军事委员会的命令，并根据反恐怖主义工作领导机构的部署，防范和处置恐怖活动。

有关部门应当建立联动配合机制，依靠、动员村民委员会、居民委员会、企业事业单位、社会组织，共同开展反恐怖主义工作。

第五十七条　恐怖事件发生后，发生地反恐怖主义工作领导机构应当立即启动恐怖事件应对处置预案，确定指挥长。有关部门和中国人民解放军、中国人民武装警察部队、民兵组织，按照反恐怖主义工作领导机构和指挥长的统一领导、指挥，协同开展打击、控制、救援、救护等现场应对处置工作。

上级反恐怖主义工作领导机构可以对应对处置工作进行指导，必要时调动有关反恐怖主义力量进行支援。

需要进入紧急状态的，由全国人民代表大会常务委员会或者国务院依照宪法和其他有关法律规定的权限和程序决定。

第五十八条　发现恐怖事件或者疑似恐怖事件后，公安机关应当立即进行处置，并向反恐怖主义工作领导机构报告；中国人民解放军、中国人民武装警察部队发现正在实施恐怖活动的，应当立即予以控制并将案件及时移交公安机关。

反恐怖主义工作领导机构尚未确定指挥长的，由在场处置的公安机关职级最高的人员担任现场指挥员。公安机关未能到达现场的，由在场处置的中国人民解放军或者中国人民武装警察部队职级最高的人员担任现场指挥员。现场应对处置人员无论是否属于同一单位、系统，均应当服从现场指挥员的指挥。

指挥长确定后，现场指挥员应当向其请示、报告工作或者有关情况。

第六十二条　人民警察、人民武装警察以及其他依法配备、携带武器的应对处置人员，对在现场持枪支、刀具等凶器或者使用其他危险方法，正在或者准备实施暴力行为的人员，经警告无效的，可以使用武器；紧急情况下或者警告后可能导致更为严重危害后果的，可以直接使用武器。

第七十一条 经与有关国家达成协议，并报国务院批准，国务院公安部门、国家安全部门可以派员出境执行反恐怖主义任务。

中国人民解放军、中国人民武装警察部队派员出境执行反恐怖主义任务，由中央军事委员会批准。

第七十四条 公安机关、国家安全机关和有关部门，以及中国人民解放军、中国人民武装警察部队，应当依照法律规定的职责，建立反恐怖主义专业力量，加强专业训练，配备必要的反恐怖主义专业设备、设施。

县级、乡级人民政府根据需要，指导有关单位、村民委员会、居民委员会建立反恐怖主义工作力量、志愿者队伍，协助、配合有关部门开展反恐怖主义工作。

第七十八条 公安机关、国家安全机关、中国人民解放军、中国人民武装警察部队因履行反恐怖主义职责的紧急需要，根据国家有关规定，可以征用单位和个人的财产。任务完成后应当及时归还或者恢复原状，并依照规定支付相应费用；造成损失的，应当补偿。

因开展反恐怖主义工作对有关单位和个人的合法权益造成损害的，应当依法给予赔偿、补偿。有关单位和个人有权依法请求赔偿、补偿。

中华人民共和国监狱法（节选）

（1994 年 12 月 29 日第八届全国人民代表大会常务委员会第十一次会议通过 根据 2012 年 10 月 26 日第十一届全国人民代表大会常务委员会第二十九次会议《关于修改〈中华人民共和国监狱法〉的决定》修正）

第五条 监狱的人民警察依法管理监狱、执行刑罚、对罪犯进行教育改造等活动，受法律保护。

第四十一条 监狱的武装警戒由人民武装警察部队负责，具体办法由国务院、中央军事委员会规定。

第四十六条 人民警察和人民武装警察部队的执勤人员遇有下列情形之一，非使用武器不能制止的，按照国家有关规定，可以使用武器：

（一）罪犯聚众骚乱、暴乱的；

（二）罪犯脱逃或者拒捕的；

（三）罪犯持有凶器或者其他危险物，正在行凶或者破坏，危及他人生命、财产安全的；

（四）劫夺罪犯的；

（五）罪犯抢夺武器的。

使用武器的人员，应当按照国家有关规定报告情况。

中华人民共和国看守所条例（节选）

（1990 年 3 月 17 日中华人民共和国国务院令第 52 号发布　自发布之日起施行）

第七条　看守所对人犯的武装警戒和押解由中国人民武装警察部队（以下简称武警）担任。看守所对执行任务的武警实行业务指导。

第十八条　看守人员和武警遇有下列情形之一，采取其他措施不能制止时，可以按照有关规定开枪射击：

（一）人犯越狱或者暴动的；

（二）人犯脱逃不听制止，或者在追捕中抗拒逮捕的；

（三）劫持人犯的；

（四）人犯持有管制刀具或者其他危险物，正在行凶或者破坏的；

（五）人犯暴力威胁看守人员、武警的生命安全的。

需要开枪射击时，除遇到特别紧迫的情况外，应当先鸣枪警告，人犯有畏服表示，应当立即停止射击。开枪射击后，应当保护现场，并立即报告主管公安机关和人民检察院。

中华人民共和国人民警察使用警械和武器条例

（1996 年 1 月 8 日国务院第 41 次常务会议通过　1996 年 1 月 16 日中华人民共和国国务院令第 191 号发布　自发布之日起施行）

第一章　总　则

第一条　为了保障人民警察依法履行职责，正常使用警械和武器，及时有效地制止违法犯罪行为，维护公共安全和社会秩序，保护公民的人身安全和合法财产，保护公共财产，根据《中华人民共和国人民警察法》和其他有关法律的规定，制定本条例。

第二条　人民警察制止违法犯罪行为，可以采取强制手段；根据需要，可以依照本条例的规定使用警械；使用警械不能制止，或者不使用武器制止，可能发生严重危害后果的，可以依照本条例的规定使用武器。

第三条　本条例所称警械，是指人民警察按照规定装备的警棍、催泪弹、高压水枪、特种防暴枪、手铐、脚镣、警绳等警用器械；所称武器，是指人民警察按照规定装备的枪支、弹药等致命性警用武器。

第四条 人民警察使用警械和武器，应当以制止违法犯罪行为，尽量减少人员伤亡、财产损失为原则。

第五条 人民警察依法使用警械和武器的行为，受法律保护。

人民警察不得违反本条例的规定使用警械和武器。

第六条 人民警察使用警械和武器前，应当命令在场无关人员躲避；在场无关人员应当服从人民警察的命令，避免受到伤害或者其他损失。

第二章 警械的使用

第七条 人民警察遇有下列情形之一，经警告无效的，可以使用警棍、催泪弹、高压水枪、特种防暴枪等驱逐性、制服性警械：

（一）结伙斗殴、殴打他人、寻衅滋事、侮辱妇女或者进行其他流氓活动的；

（二）聚众扰乱车站、码头、民用航空站、运动场等公共场所秩序的；

（三）非法举行集会、游行、示威的；

（四）强行冲越人民警察为履行职责设置的警戒线；

（五）以暴力方法抗拒或者阻碍人民警察依法履行职责的；

（六）袭击人民警察的；

（七）危害公共安全、社会秩序和公民人身安全的其他行为，需要当场制止的；

（八）法律、行政法规规定可以使用警械的其他情形。

人民警察依照前款规定使用警械，应当以制止违法犯罪行为为限度；当违法犯罪行为得到制止时，应当立即停止使用。

第八条　人民警察依法执行下列任务，遇有违法犯罪分子可能脱逃、行凶、自杀、自伤或者有其他危险行为的，可以使用手铐、脚镣、警绳等约束性警械：

（一）抓获违法犯罪分子或者犯罪重大嫌疑人的；

（二）执行逮捕、拘留、看押、押解、审讯、拘传、强制传唤的；

（三）法律、行政法规规定可以使用警械的其他情形。

人民警察依照前款规定使用警械，不得故意造成人身伤害。

第三章　武器的使用

第九条　人民警察判明有下列暴力犯罪行为的紧急情形之一，经警告无效的，可以使用武器：

（一）放火、决水、爆炸等严重危害公共安全的；

（二）劫持航空器、船舰、火车、机动车或者驾驶车、船等机动交通工具，故意危害公共安全的；

（三）抢夺、抢劫枪支弹药、爆炸、剧毒等危险物品，严重危害公共安全的；

（四）使用枪支、爆炸、剧毒等危险物品实施犯罪或者以使用枪支、爆炸、剧毒等危险物品相威胁实施犯罪的；

（五）破坏军事、通讯、交通、能源、防险等重要设施，足以对公共安全造成严重、紧迫危险的；

（六）实施凶杀、劫持人质等暴力行为，危及公民生命安全的；

（七）国家规定的警卫、守卫、警戒的对象和目标受到暴力袭击、破坏或者有受到暴力袭击、破坏的紧迫危险的；

（八）结伙抢劫或者持械抢劫公私财物的；

（九）聚众械斗、暴乱等严重破坏社会治安秩序，用其他方法不能制止的；

（十）以暴力方法抗拒或者阻碍人民警察依法履行职责或者暴力袭击人民警察，危及人民警察生命安全的；

（十一）在押人犯、罪犯聚众骚乱、暴乱、行凶或者脱逃的

（十二）劫夺在押人犯、罪犯的；

（十三）实施放火、决水、爆炸、凶杀、抢劫或者其他严重暴力犯罪行为后拒捕、逃跑的；

（十四）犯罪分子携带枪支、爆炸、剧毒等危险物品拒捕、逃跑的；

（十五）法律、行政法规规定可以使用武器的其他情形。

人民警察依照前款规定使用武器，来不及警告或者警告后可能导致更为严重危害后果的，可以直接使用武器。

第十条 人民警察遇有下列情形之一的，不得使用武器：

（一）发现实施犯罪的人为怀孕妇女、儿童的，但是使用枪支、爆炸、剧毒等危险物品实施暴力犯罪的除外；

（二）犯罪分子处于群众聚集的场所或者存放大量易燃、易爆、剧毒、放射性等危险物品的场所的，但是不使用武器予以制止，将发

生更为严重危害后果的除外。

第十一条　人民警察遇有下列情形之一的,应当立即停止使用武器:

(一)犯罪分子停止实施犯罪,服从人民警察命令的;

(二)犯罪分子失去继续实施犯罪能力的。

第十二条　人民警察使用武器造成犯罪分子或者无辜人员伤亡的,应当及时抢救受伤人员,保护现场,并立即向当地公安机关或者该人民警察所属机关报告。

当地公安机关或者该人民警察所属机关接到报告后,应当及时进行勘验、调查,并及时通知当地人民检察院。

当地公安机关或者该人民警察所属机关应当将犯罪分子或者无辜人员的伤亡情况,及时通知其家属或者其所在单位。

第十三条　人民警察使用武器的,应当将使用武器的情况如实向所属机关书面报告。

第四章　法律责任

第十四条　人民警察违法使用警械、武器,造成不应有的人员伤亡、财产损失,构成犯罪的,依法追究刑事责任;尚不构成犯罪的,依法给予行政处分;对受到伤亡或者财产损失的人员,由该人员警察所属机关依照《中华人民共和国国家赔偿法》的有关规定给予赔偿。

第十五条　人民警察依法使用警械、武器,造成无辜人员伤亡或者财产损失的,由该人民警察所属机关参照《中华人民共和国国家赔偿法》的有关规定给予补偿。

第五章 附 则

第十六条 中国人民武装警察部队执行国家赋予的安全保卫任务时使用警械和武器，适用本条例的有关规定。

第十七条 本条例自发布之日起施行。1980 年 7 月 5 日公布施行的《人民警察使用武器和警械的规定》同时废止。